여자에게
공부가
필요할 때

1년 배워 10년 써먹는 인생을 바꾸는 성장 프로젝트

여자에게 공부가 필요할 때

김애리 지음

당신만의
'키친테이블노블'을
완성하라

30대에 접어들며 찾아오는 가장 뼈아픈 깨달음 중 하나는 아마도 '좀 더 괜찮은 여자가 될 줄 알았는데…'가 아닐까. 모르긴 몰라도 우리 대부분은 '이런 어른이 될 줄 몰랐다'는 자책과 자기연민, 후회와 우울 속에서 어른의 시간을 맞이하게 된다.

 적당한 방황과 적당한 공부의 아슬아슬한 줄타기 끝에 적당한 점수를 받고 적당한 대학에 들어가 적당한 전공을 선택하고, 역시나 적당한 직장에서 적당히 성실하게 일해왔다. 돌아보면 속 타는 절박함과 피 끓는 열정도 언제나 한 뼘쯤 부족했다. 아니, 한때는 대책 없는 미래를 고민하며 자기계발의 아이콘처럼 '새벽형 인간 코스프레'도 시도해본 것 같다. 출근 전에 새벽반 영어수업을 듣고, 헬스장이나 수영장에 몸 담그기도 했다. 그러나 결심은 늘 석 달을 못 미쳤다. 자신이 듣기에도 민망한 '시간이 부족해서' 혹은 '업무에 치여서'라는 상투적인 핑계를 내걸고 뒷걸음치며 멈추기를 반복해왔다. 자신을 속이기는 얼마나 쉽고 간편한가. 지금도 수많은 여자가 자신과의 대결에서 너무도 허무하고 또 허술하게 패배를 인정해버린다.

그러다 문득 우리를 깨우는 일이 발생한다. 종점과 종점 사이를 무한히 오가는 대도시의 차가운 지하철처럼 하루하루를 살아가다가 우연히 그런 소식을 접하는 것이다.

"아무개가 결국 그걸 해냈대!"

이 짧은 문장 안에는 많은 것이 담겨있다. 사돈의 팔촌이나 친구의 친구, 엄마 친구의 딸쯤 되어 간간이 소식만 접하던 아무개가 결국 원하던 바를 이루었다는 소식 말이다. 그것이 해외 MBA이건, 초고속 승진이나 국가고시 합격, 책 출간, 창업, 전직과 같은 것들이건 타인의 꿈, 엄밀히 말해 타인의 꿈 실현은 우리에게 많은 것을 상기시켜준다. 그런 이야기를 들으면 자연스레 머릿속에 수많은 딜름이 스쳐 간다. 꿈을 위해 누구보다 촘촘한 시간을 인내했을 그녀의 끈기와 에너지에 감탄이 흘러나오다가도, 어쩔 수 없이 그에 오버랩 되는 자신의 허무맹랑한 시간을 잔인하게 되돌아보게 되는 것이다. 부러움으로 포장된 묘한 감정이 세포를 하나씩 건드리는 기분이다. 질투도 나고 이상하게 화도 난다. 호기심이 일기도 하고, 맹렬한 자극이 되기도 한다.

지난 몇 개월간 나는 꿈을 이룬 여자들의 공통점을 발견하고자 내가 가진 시간과 열정을 온통 쏟아 부었다. 여기서 내가 선택한 '꿈을 이룬 그녀들'의 공통분모는 출발 선상이 평범하기 그지없어야 한다는 것이었다. 평범하다 못해 초라하고 남루해 보이는 '과거'를 가졌으나 결국 상상을 현실로 바꾼 여자들. 이것이 내 연구대상자의 첫 번째 조건이었다.

두 번째 필수불가결한 조건은 바로 행복의 도정道程 위에 서 있어야 한다는 것이었다. 낯선 도전과 인내와 열정의 과정을 무엇보다도 행복으로 그려가야 했다. 강박적으로 사회적 성과만을 탐닉하거나, 모든 가치를 내던지고 성공에만 몰두하는 것은 진정한 성공이라 간주하지 않기로 했다. 그리하여 나는 아주 경건하고 또 절절한 마음으로 그녀들의 성공법을 탐구하기 시작했다. 그렇게 한 줄의 결론이 나왔다.

"나만의 키친테이블노블을 가질 것!"

그것은 마치 처음부터 거기 존재했던 아메리카대륙을 발견한 것 같은 기분이었다고 하면 지나친 비약일까? 어쨌든 이는 누구나 알고 있지만 아무나 실천하지 않는 기묘한 주문이었다. 나만의 키친테이블노블Kitchen Table Novel을 가지라니.

알다시피 키친테이블노블이란 자신의 식탁 위에서 긁적이는 소설을 말한다. 물론 이게 다는 아니다. 좀 더 구체적인 이미지를 떠올려보면 이렇다.

병아리 눈물만큼도 원하지 않는 업무를 하루에 꼬박 10시간씩 견뎌내는 서른의 싱글녀가 있다. 그녀의 유일한 꿈이자 일상의 구원은 퇴근 후 자신만의 작은 테이블에 앉아 소설을 쓰는 시간이다. 그렇게 그녀는 자신을 존중하고 사랑할 수 있는 온전한 혼자만의 시간 안에서 꿈을 향해 키친테이블노블을 써내려간다. 하루, 이틀, 1년, 2년 그리고 5년쯤의 세월이 흘러 그녀는 결국 꿈을 이룬다. 남들 눈에 영양가 없어 보이는 모래알 같은 시간을 쌓아 꿈의 프래성을 지은 것이다.

키친테이블노블이 모두에게 소설인 것은 아니다. 누군가에게 그것은 세계를 무대로 일할 수 있게 해주는 영어일 것이며, 누군가에게는 학창시절 놓아버린 그림일 수도 있다. 누군가는 독서와 글쓰기에, 누군가는 철학이나 심리학에 미쳐있을 수도 있다. 중요한 것은 '배움'이라는 키워드다. 영원히 성장하기를 원하고 또 바라는 것. 그래서일까? 기도하는 마음으로 밤마다 스탠드 불빛 아래서 책을 넘기는 그녀들의 모습에는 그 어떤 수식어로도 담지 못할 아름다움이 있다.

어른이 된다는 건 절망과 포기에 익숙해지는 과정이 아니다. 꿈꾸기를 지속하는 한 우리는 언제까지나 '청춘 여자'로 남을 것이다. 그러니 자신을 믿고, 이제 다시 한 번 일어서봄은 어떨까?

서른, 당신은 아직 늦지 않았다. 새로운 출발 앞에서 오히려 이른 나이다. 꿈을 위한 우리들의 갸륵한 수고, 그 마음은 어떤 식으로든 우리에게 보답할 터이니.

지금, 당신만의 키친테이블노블을 써내려갈 준비가 되었는가?

자, 우리 삶의 2막을 함께 결어보자.

2014년 여름의 입구에서
작가 김애리

차례

프롤로그
당신만의 '키친테이블노블'을 완성하라   4

Part 1   여자는 무엇으로 성장하는가

진짜 하고 싶은 공부를 찾아라!   15
영어공부만이 공부의 전부가 아니다   22
스무 살의 공부와 서른 살의 공부는 달라야만 한다   29
100세 시대 라이프 디자인   35
여자는 왜 공부해야 하는가   41

그녀들의 꿈꾸는 공부법 1 • 공부는 사막여행자처럼!   48

Part 2 어떻게 공부할 것인가? – 여자를 춤추게 하는 공부

여자의 공부를 가로막는 작심삼일 탈출하기 53
5년 후를 바꾸는 퇴근 후 2시간 60
주말, 세컨드 잡을 찾는 시간 66
공부데이트, 문화데이트 73
목표를 쪼개면 무엇이든 이룰 수 있다 80
꿈을 이루어주는 도구들 87
3년만 미쳐라! 95

그녀들의 꿈꾸는 공부팁 2 • 토끼보다 꾸준한 거북이가 빠르다 105

Part 3 무엇을 공부할 것인가? – 여자를 꿈꾸게 하는 공부

삶을 바꾸는 독서와 글쓰기 111
코스모폴리턴, 세계를 무대로 121
인문학, 모든 학문의 기초 126
여행은 최고의 세상 공부 133
마음을 움직이는 커뮤니케이션 140
브랜드 유 Brand You를 위한 공부 148

그녀들의 꿈꾸는 공부팁 3 • 최고의 멘토는 하루 10분의 명상이다 153

Part 4 공부하는 그녀들의 리얼 분투기

재미있게 나이 들고 싶다면? 공부만이 정답!
: '김진 디자인' 대표 김진 씨 157

그녀의 4개 국어 마스터 프로젝트
: 영어 강사이자 중국어 통역사 임운희 씨 165

공부는 내면을 다스리는 힘
: 감성코치이자 라이프코치 김안숙 씨 172

꿈, 조금 늦어도 괜찮아
: 요리사이자 소믈리에 최해숙 씨 179

미래를 만드는 방법들
: 교육컨설팅 전문가 조연심 씨 185

혼자인 시간을 즐기는 가장 탁월한 방법은 공부
: 아동·청소년문학가 이금이 씨 193

그녀들의 꿈꾸는 공부법 4 · 마음의 나침반을 따라가야 한다 200

Part 5 성공과 자유를 위한 공부

하버드의 늦깎이 공부벌레
: 꿈 전도사 하버드대학 박사 서진규 205

독학으로 세계 최고 전문가가 되다
: 『로마인 이야기』 작가 시오노 나나미 212

60년간 매일 공부한다
: 뉴욕 유니언신학대학 교수이자 여성학자 현경   218

꿈이 있다면 일단 저질러라!
: 페이스북 최고운영책임자 셰릴 샌드버그   226

완벽을 경영하는 여자
: 「보그」 편집장 안나 윈투어   236

그녀들의 꿈꾸는 공부법 5 · 오늘 걸으면 내일은 뛰어야 한다   244

Part 6 공부하는 그녀들의 십계명

공부로 인생 뒤집기   249
인생 로드맵을 짜는 4가지 방법   257
행복한 성공을 위한 12가지 공부철학   266
그녀들의 꿈꾸는 공부법   277

에필로그
영원히 성장하길 꿈꾸는 여자들에게   284

지금 이 삶에서 어떤 배움을 얻는가에 따라 우리는
우리의 다음 삶을 선택한다.
아무런 배움도 얻지 않는다면 그다음 삶 역시 똑같은 것일 수밖에 없다.
똑같은 한계, 극복해야 할 똑같은 짐들로 고통받는…
배우고, 발견하고, 자유로워지는 것.
그것보다 더 큰 삶의 이유는 없다.

리처드 바크 『갈매기의 꿈』 중에서

여자는 무엇으로 성장하는가

당신은 놀라운 발명품이며, 누군가의 기쁨이다.
당신은 값으로 따질 수 없는 진귀한 보석이다.
신은 결코 하찮은 존재를 만들지 않는다.
• 허버트 뱅크스

진짜
하고 싶은
공부를 찾아라!

공부, 세상에서 가장 우아한 취미

이 책을 선뜻 집어 들었다면, 조금 극단적인 판단으로 당신은 두 부류의 사람 중 하나일 것이다.

첫째, 열정과 욕심이 넘쳐 언제나 남들보다 한 발 더 앞서가길 원하는 진정한 나르시시스트.

둘째, 현재의 삶에 눈곱만치도 만족하지 못하는 만성 불안증 환자.

중요하고도 희망적인 것은 당신이 전자든 후자든 크게 상관없다는 것! 삶을 한 단계 끌어올리고 도약을 거듭하는 것은 대개 이 두 부류의 여자들이기 때문이다. 사랑의 뒷면이 증오이고, 인내와 분노가 한 몸일 수 있듯, 나는 첫 번째와 두 번째 여자들이 실은 한 부류라는 생각도 든다. 삶에 만족하지 못하는 것은 더 나은 삶을 꿈꾸는 열정과 욕망 일부일 수 있고, 이에 따른 불안과 불만들은 변형된 자기애의 조각일 수도 있지 않을까? 어쨌든 나는 늘 같은 자리에서 안정과 안락만을 꾀하는 여자들보다 냉탕과 온탕에 수시로 온몸을 푹 담그는 그녀들의 미래가 훨씬 기대된다.

따라서 지금 이 책을 시작한다면, 당신을 지탱하는 원동력이 특별한 열정과 에너지든, 거대한 불안과 콤플렉스든 상관없다. 일단은 조금 낯 뜨겁더라도 자신에게 박수를 보내는 일부터 시작해보자. 지금까지 잘 해왔다고, 앞으로도 충분히 잘해나갈 수 있을 거라는 마법의 주문을 걸자. 당신은 결국 원하는 것을 움켜쥐고야 말 테니까.

성공의 법칙은 서른 이후의 자발적 공부

서른 이후 나는 꽤 놀라운 원칙 하나를 발견했다. 여자의 인생에서 가장 중요한 시기라 할 수 있는 서른 중반에서 마흔 초반 즈음의 만족도를 결정짓는 것은 학창시절의 성적과는 무관하다는 것이다. 좋은 대학 간판과 멋진 회사에서의 첫 출발은 물론 기막힌 행운이다. 모두가 그렇게 시작할 수는 없으니까. 그러나 그보다 더욱 중요한 것은 다름 아닌 '공부'다. 자발적 공부.

대학을 졸업한 이후 온전히 자신의 호기심과 의지만으로 불태운 공부, 영원을 지탱하는 그 찰나의 시간이 모여 졸업 이후의 삶을 결정짓고 있었다.

당연히 그럴 수밖에. 어찌 보면 크게 놀라운 일도 아니다. 지금부터 찬찬히 각자의 지난날을 돌아보자. 초중고 그리고 대학까지 십수 년간 '누군가' 혹은 '무언가'를 위해 공부하지 않고 오로지 나 자신의 즐거움과 행복, 미래와 꿈을 위해 연필을 굴린 날이 과연 얼마나 되는지. 그리고 또 생각해보자. 자신의 즐거움과 꿈을 위해 공부했던 그 시간 속에서 얼마나 큰 만족과 폭발적 효과를 얻었는지 말이다. 그렇다면 대학 졸업 이후 서른까지 대략 5~6년의 세월 동안 자발적 공부를 자처한 그녀들은 얼마나 비약적인 성공의 가능성을 온몸 구석구석 심어놓고 있을지 상상해보자.

스물 두셋 무렵의 나는 어리석게도 이제 삶의 중요한 지형 대부분이 그려졌다고 여겼다. 대학 간판도 정해졌고, 전공도 선택되었으며, 학점과 자격증 따위도 윤곽이 잡혀 지원 가능한 기업이나 포지션도 확정되었다. 내게 남은 일은 앞에 놓인 선택의 끈 가운데 가장 튼튼하고 질겨 보이는 끈 하나를 부여잡고 오래, 그러나 최대한 빠르게 기어오르는 일밖에 없어 보였다. 출산과 육아를 제외하고서도 여자의 삶은 생각보다 너무나 길며, 그 긴 생에서 대학 시절까지의 공부는 축구 전반 20분에 넣은 골 하나에 불과하다는 사실은 미처 깨닫지 못했었다. 그러나 기특하고도 다행스러운 일은 나는 '언젠간'이라는 명제 하나를 부여잡고 스무 살 무렵부터 옆길로 새기 위한 준비를 하고 있었다는 것이다.

나는 발칙하게도 어린 시절의 꿈을 이루는 몇 안 되는 행운아가 되고 싶었다. 부끄러워 차마 남들 앞에서 당당하게 털어놓지는 못했지만 나는 작가가 되기를 꿈꿨다. 책을 만지고, 고르고, 읽고, 쓰고, 만드는 사람이 되고 싶었다. 종이냄새를 흠뻑 맡으며 산다면 얼마나 근사할까 같은 상상을 커피를 마시는 일보다 더 자주 했다. 국문학과나 문예창작학과를 졸업하진 않았지만 어쩌면 국문학과나 문예창작학과를 전공하지 않아서 더 다행이었다. 전공자가 아니라는 내면의 구멍을 메우기 위해 하루도 빠짐없이 나만의 '과외공부'에 매진했으니까. 거의 매일 글을 읽거나 쓰거나 그도 아니면 유명작가의 것들을 필사했다. 대학 시절 신춘문예에도 서너 차례 작품을 응모했다. 한 달에 한 번쯤은 출판사에 투고도 했다. 동화도 쓰고, 소설도 쓰고, 수필, 신문기사 비슷한 글들도 썼다. 지금 들춰보면 당장에라도 구덩이에 파묻고 싶은 글들이지만 그것들은 내게 대학 졸업장만큼이나 소중한 것이다. 그 시절의 열정과 반짝임을 생각나게 해주는 보물이니까.

그렇게 25세에 첫 책을 출간했다. 그리고 해마다 한 권씩 책을 출간해 현재는 7권의 저서를 가진 작가가 되었다. 그 사이 대학 시절 전공을 살려 회사도 다니고, 회사를 창업하기도 했다. 회사에 다니고 또 운영하며 글을 쓰는 일은 만만치 않았으나 결과적으로 내가 원하던 두 마리 토끼를 잡아 현재는 마음이 시키는 일들로만 일상을 가득 채울 수 있게 되었다.

나는 현재 책을 쓰고, 여러 매체에 북 칼럼을 연재하고 있다. 독서컨설턴트라는 명함으로 기업과 기관, 대학에서 강연을 기획·운영하고, 공중파 라디오의 독서프로그램도 진행하고 있다. 돌아보면 이것들을 현실로 만든 것은 거창한 그 무엇이 아니었다. 퇴근 후 앉은뱅이책상에서 홀로 보낸 시간이었다. 때론 지루하고 하찮고, 버겁고 우울하게 느껴지던 그 시간을 조금씩 쌓아올리자 내가 원하던 문이 나타났고 나는 그것을 힘차게 열어젖힌 것뿐이다. 이것은 비단 나만의 이야기가 아니다. 원하는 인생을 갖게 된 여자들은 하나같이 '혼자 공부한 시간'이라는 비밀을 갖고 있다. 그녀들은 알고 있다. 공부는 세상에서 가장 우아한 취미라는 것을. 그것은 또한 위로이고, 응원이고, 자신감이며, 자신에게 건네는 가장 달콤한 입맞춤이라는 것을.

5년 후를 바꿀 공부 프로젝트

고시생처럼 두문불출하며 책만 파라는 이야기가 아니다. 공부한답시고 현실을 외면하고 일상의 소소한 행복과 쾌락들을 몽땅 하수구에 처넣으라는 말도 아니다. 쇼핑과 피부마사지, 크고 작은 사교모임 등을 전부 포기하고 자기계발에만 매진하는 것이 과연 바람직한 삶일까? 미래를 위해 현재를 전부 저당 잡는 것은 너무 가혹하고 가련하다. 내가 제안하는 것은 현재의 즐거움을 충분히 누리되, 하루 중 얼마쯤은 반드시 5년 후 나를 만드는 일에 매진하라는 것이다.

자, 이제부터 전무후무한 일생일대의 프로젝트를 시작하도록 하겠다. 먼저, 혼자만의 세계로 여행이 가능한 적당한 시간과 장소를 물색한다. 누구의 방해도 받지 않는 곳에서 노트를 펼치거나 노트북을 꺼내 든다. 이것은 삶의 반전, 변혁을 이끌 프로젝트이니 꽤나 진지하고 또 진솔해야 한다. 생각을 정리할 도구가 준비되었다면 그곳에 하고 싶은 공부의 목록을 적어본다. 연초에 새해계획을 적듯 배우고 싶은 모든 분야를 정리하는 '공부 버킷 리스트'를 적는 거다.

삶에 날개를 달아주고 꽃을 피워줄 공부, 시간이 없어서라는 진부한 만년핑계를 내세우며 미루고 미뤄왔던 공부, 10년째 시작과 포기를 무한 반복 중인 공부, 무엇보다도 언젠간 해봐야지 벼르고 있었던 '진짜' 내가 하고 싶었던 그 공부.

결심을 문신처럼 깊게 새겼다면 이제 필요한 것은 다름 아닌 상상력이다. 날마다 한 뼘씩 성장하는 여자를 상상해보자. 아주 구체적이고 생생하게 말이다. 하루 1시간 오롯이 책상에 앉아 고등학생처럼 필기에 열중하는 서른의 여자를 상상해보는 것이다. 그리고 그 1시간이 모여 꿈을 이루었을 때의 내 모습도 상상해보자. 그 순간의 환희와 뿌듯함, 더 큰 가능성과 기회들, 부러움과 탄성, 달콤한 행복까지.

쉽고 편안한 삶이 최상의 것으로 생각하는 여자들도 많을 것이다. 몸은 안락할 수 있겠으나 크게 의미 있거나 아름다워 보이진 않는다. 언제나 탐구하길 멈추지 않았던 시인 릴케의 말처럼 보통 사람들에게 삶이 갑자기 쉬워지고 가벼워지고 즐거워졌다면 그것은 진지한 삶의 현실성과 독자성을 느끼는 힘이 끝난 것인지도 모른다. 삶의 발전과 의미와 가능성으로부터의 결별. 이 말이 정답일 것이다. 우리가 추구해야 할 것은 영원한 성장이다. 영혼의 성장. 그리고 이것을 가능하게 하는데 공부만 한 도구가 또 있을까? 작은 성취들을 좌표 삼아 한 발자국씩 나아가자. 중요한 건 멈춰있지 않고 계속 움직이고 있다는 것일 테니까. 우리가 속한 현실 세계에서의 퇴보란 뒷걸음질이 아니다. 제자리걸음, 현상유지도 퇴보에 속한다.

서른, 다시 공부에 탐닉할 시간이다.

영어공부만이
공부의
전부가 아니다

미래를 준비하는 진짜 공부

공부라 하면 흔히 영어공부, 어학 공부만을 떠올리는 사람들이 많다. 그토록 다양한 전공과 연령대, 직업이나 직무를 가진 사람들이 하나같이 '공부는 곧 영어'라 여긴다는 것은 참 놀라운 일이다. 물론 영어가 우리 사회에서 차지하는 비중은 그보다 더 놀라운 수준이고, 그 기대를 충족시키기 위해 우리가 영어에 쏟아 붓는 시간과 에너지는 경악할 지경이지만 말이다. (어쩌면 가장 놀라운 것은 그럼에도 우리의 영어 실력이 평생 제자리걸음이라는 사실일지도 모른다.)

하지만 조금만 각도를 틀어 바라보면 세상엔 참으로 다양한 공부들이 우리를 기다리고 있다. 말 그대로 우리의 선택을 기다리고 있다. 영어 및 다른 어학 공부도 물론 중요하겠지만, 인생의 여러 영역을 고루 만족하게 해줄, 미래를 준비하는 진짜 공부가 곳곳에 즐비하다. 서른의 공부는 모든 영역을 충족시켜주는 공부여야 마땅하다.

먼저, 공부에 대한 개념부터 재정리할 필요가 있다.

영문학자로 유명한 고故 장영희 교수가 생전 유명한 TV 프로그램에 출연했을 때의 일화다. 당시 화면 아래 자막으로 경력이 소개되고 있었다. 어떤 학교를 졸업하고, 어디 소속이며, 어떤 책을 썼는지가 쭉 소개되다가 마지막에 '암 투병 중'이란 글이 올라오더란다. 당시 그녀는 '암도 이제 내 경력이 되었구나.' 실소를 금치 못했다고 한다. 그런데 잠시 뒤 생각해보니 공부의 목적이 전에는 몰랐던 것을 깨달아 성장하는 것이라면 암이야말로 자신의 일생에서 가장 중요한 공부이자 최대의 경력이라는 생각을 하게 되었다고 고백했다.

그렇다. 공부란 말 그대로 배움이다. 우리를 지금보다 더 나은 모습으로 거울 앞에 서게 해주는 그 무엇. 따라서 책상머리에 앉아 단어를 암기하는 것만이 공부 전부라 여긴다면 그 좁다란 편견부터 부수자. 공부란 내공 깊은 배우의 맨얼굴 같다는 생각도 든다. 다양한 배역에 따라 천차만별의 모습을 보여주는 배우처럼 공부에도 여러 얼굴이 존재하는 것 같다.

따라서 공부에 정의를 붙이는 작업은 반드시 필요한 첫 번째 과정이다.

우리는 흔히 자신이 부여한 그 정의의 틀에서 유영하기 때문이다. 누군가 결혼을 고통과 희생이라 정의한다면 그녀에게 결혼은 숨죽이며 인내해야 할 기나긴 인고의 과정이 될 것이다. 육아는 지옥이라 정의하는 여자와 육아는 축복이라 정의하는 여자는 그 출발 선상에서부터 다를 수밖에 없다. 공부에 나만의 이름표를 달아주는 일은 공부라는 추상명사를 구체적이고 유일무이한 고유명사로 바꿔주는 작업과도 같다.

공부에 대한 정의는 아래와 같이 다양할 수 있다.

공부는 내 한계에 도전하는 것.

공부란 영원한 성장.

꿈을 위한 내비게이션.

공부는 자신을 구원하는 일.

배움, 자체가 곧 삶의 목표.

공부란 행복한 자아탐색 여행.

공부란 인생 매 단계의 필수과정.

공부는 생존 그 자체.

포기하는 순간 늙어버리는 것.

진정한 쾌락.

공부란 거대한 놀이터.

공부는 힐링 아이템.

인생 최고의 사치.

토닥토닥 위로.

가장 넓고 깊은 세계로의 모험.

공부는 아파트보다 확실한 노후대비책.

좀 더 자극적이고 명확한 정의도 있다.

공부는 연봉 1억을 향한 최상의 도구.

10년 후 대한민국 여성들의 대표 멘토가 되기 위한 필수과정.

공부란 최고의 재테크, 인테크, 휴테크 수단.

로또보다 확률 높은 인생 반전 아이템.

공부란 제2의 생.

공부는 100세 시대 필수품.

성공의 제1 법칙.

평생 세계를 여행하며 독학으로 여러 영역의 전문가 반열에 올랐던 '길 위의 철학자' 에릭 호퍼에 따르면 '교육의 주된 역할은 배운 인간이 아닌 계속 배워나가는 인간을 배출하는 것'이다. 무[無] 학력 출신에서 세계적인 철학자의 반열에 오른 그가 정의한 배움은 다름 아닌 '평생 배우고 성장하는 인간이 되는 것'이었다.

그는 덧붙여, 진정으로 인간적인 사회란 조부모도, 부모도, 아이도 모두 학생인 '배우는 사회'라고 이야기 했다.

각자 내린 공부의 정의가 어떠하든 일단은 그것을 중심에 놓고 차근차근 공부인생을 설계해보자. 막연했던 그림이 윤곽을 드러낼 것이다.

다양한 영역의 공부 퍼즐 맞추기

삶에는 여러 가지 영역이 있다. 내가 30대에 접어들며 가장 먼저 배운 것은 바로 그것이었다. 행복이 충만하고 스스로 만족하는 인생은 갖가지 영역에서 골고루 균형을 이루는 인생이라는 것!

가정의 행복은 내던지고 직장에만 몸과 마음을 충성한 여자, 휴식과 재충전의 시간은 호주머니에 넣어두고 사회적 성공과 발전에만 목맨 여자의 말로[末路]는 위태로운 후회인 경우가 많았다. 한쪽 영역을 과도하게 발달시키는 것이 어찌 보면 가장 쉬운 일이다. 고개를 돌리지 않고 앞만 보고 달리면 되니까. 반면 케이크에 생크림을 펴 바르듯 여러 가지 영역에 고루고루 시간과 에너지를 분포하는 일은 고도의 숙련된 기술과 전략을 필요로 하는 법이다. 가정의 평화와 직업적 성취를 동시에 거머쥔 여자들이 그토록 드물며, 그러기에 존경받는 것도 어찌 보면 당연한 일.

삶에 여러 가지 영역이 있듯 공부에도 여러 가지 영역이 있다.

먼저 직업적 성공을 위한 영역이 있다. 마케팅 분야에서 일한다면 관련 서적을 읽고, 세미나에 참석하고, 자격증을 준비하는 등 성장 발판을 구축할 수 있는 여러 길이 있을 것이다. 무역회사에서 일한다면 주요 거래국의 정치경제 등 현황을 주제로 연구하는 스터디그룹을 결성해도 좋다. 타오바오나 이베이에 계정을 만들고 '1인 무역회사'를 창업해 업무의 A부터 Z까지를 경험해볼 수도 있다.

영적인 영역도 있다. 당장 눈에 보이는 자격증처럼 구체적인 성과는 없지만, 우리 인생 목표를 이루기 위해 반드시 필요한 영역이다. 한마디로 각자에게 부족한 자질을 키우는 것이다.

리더십을 기르고자 한다면 커뮤니티를 주최해 이끌어본다거나, 용기나 자신감이 부족하다 느껴진다면 의식적으로 하루에 한 가지씩 둘가능할 것 같은 일에 도전해보는 것이다. 발표력이 부족하다면 프레젠테이션 동호회에서 한 달에 한 번씩 주제를 정해 발표를 자청한다.

미래의 나를 위한 영역도 따로 준비하자. 현재 업무나 취업, 이직, 승진 등에 쓰이진 않지만, 등대나 이정표 역할을 하며 나를 이끌어줄 공부가 있을 것이다. 예를 들어 일어강사를 꿈꾸고 있다면 그에 맞는 나만의 공브 커리큘럼이 있을 것이고, 간호조무사나 사회복지사가 되기 위한다면 지금부터 천천히 해당 강좌를 수강하며 틀을 갖춰가는 식이다.

공부에는 또한 쾌락과 행복을 위한 영역도 있다. 현재의 경력관리와 무관해도, 심지어 소질이나 재능이 없어 보여도, 그럼에도 룰루랄라 콧노래를 흥얼거리게 하는 공부. 누군가에게 그것은 사진 찍기나 동화창작일 수 있다. 누군가에게는 와인의 역사, 누군가에게는 구두 디자인이나 피아노 연주일 수 있다.

아이들의 퍼즐 맞추기 게임처럼 전체 그림을 완성하기 위한 각각의 조각들을 골고루 끼워 내게 필요한 공부를 고민하고 설계해보자. 하루아침에 해치우기보다 긴 시간을 두고 마음의 소리에 귀 기울이는 것이 좋다. 나를 가슴 뛰게 하는 것, 잘하기에 더 잘해내고 싶은 것, 못하기에 발 담가 도전하고 싶은 것들을 고민하는 것이다.

세상 모든 도구가 공부의 재료가 될 수 있다. 매일 마시는 커피 한 잔도 훌륭한 교과서가 될 수 있으며, 무심코 지나치는 경제기사 한 줄을 붙들어 미래를 예측할 수도 있다. 매일 만나는 사람들 역시 각자 한 권의 책, 휴먼 라이브러리다. 생생히 살아 숨 쉬는 조언을 해줄 스승인 셈이다. 중요한 것은 눈을 크게 뜨고 호기심을 잃지 않으며, 자신을 꿋꿋이 믿고 전진하는 것일 테다.

스무 살의 공부와
서른 살의 공부는
달라야만 한다

서른다운 공부란 마음이 시키는 공부

스무 살의 공부와 서른 살의 공부는 다르다. 아니, 달라야만 한다. 스무 살 무렵에는 대학만 졸업하면 공부란 영영 강 건너 불구경이 될 줄 알았다. 간혹 서른을 훌쩍 넘긴 나이에 다시 학문의 길로 우회하는 열혈 언니들을 볼 때마다 '왜 저렇게 힘들게 살지?' 안타까운 눈길을 보낸 것도 사실이다. 두뇌 회전율은 스무 살을 좀대 따라잡을 수 없을지라도 열정 온도만큼은 스무 살 때보다 훨씬 뜨거울 수 있다는 사실을 그때는 깜깜 몰랐었다.

스물의 공부는 단기적 목표를 성취하기 위한 것들이 대부분이다. 당장 발등에 불이 떨어진 중간고사와 기말고사, 취업을 위해 갖추어야 할 필수 자격증과 수료증들. 나의 경우, 어학연수나 인턴십의 목적도 다소 불량했다. 서른을 넘긴 지금이었다면 하루하루 아니 매 순간을 손바닥 위에 떠받들며 소중히 여길 시간을 그때는 '남들 다 하니까'의 명목으로 견디는 것으로 생각했다.

물론 이 얘기가 모두에게 해당하는 것은 아닐 테다. 스무 살에도 공부를 처절한 생존의 도구로 부여잡고 밤낮없이 진실 되게 매진한 여자들이 있을 것이다. 하지만 그 안에도 분명 문제는 있다. 원래 조직을 나와 봐야 그 안의 기형들이 보이듯이 처절하게 매진한 시간에는 깨닫지 못하는 본질적이고 핵심적인 것, '왜, 도대체 무엇을 위해 공부하는가?'를 간과할 수 있기 때문이다. 또한 '이것이 내가 진정으로 원하는 공부인가?'의 문제 역시 마찬가지다. 만일 우리가 푸딩처럼 말캉한 감성을 지닌 17세 무렵 보습학원과 야자 대신 자아를 탐색하거나 내면을 분석하는 수업을 단 1개월만 받았더라도 서른에 이르러서까지 진로를 고민하는 불상사는 일어나지 않았을 것이다. 다른 나라는 어떠한지 모르겠으나 대한민국에서 청춘을 불사른 우리는 전공을 선택하고도, 심지어 4년쯤 전공에 매진하고도 여전히 전공을 고민하고 앉아있는 것이다. 이놈의 정체성은 언제나 확고해지려는지. 실제로 수많은 30대 여자들이 허무함에 매몰되는 경우도 그 때문이다.

"20대 내내 ㅇㅇㅇ에 올인했는데 이제 와 보니 그것이 내 적성에도, 소질에도 맞지 않았어! 이런, 비극이!"

서른의 공부가 애절한 이유는 이 때문이다. 20대 후반에서 30대 초반쯤 되면 대체로 자아탐색으로 말미암은 시행착오 한두 번쯤은 겪어봤기 마련이다. 잘하는 것과 하고 싶은 일이 다를 수 있다는 것도 안다. 이 말은 뒤집어, 내가 무엇을 잘하고, 무엇이 몸에 맞는지를 어느 정도 파악하고 있다는 얘기다. 마음이 시키는 공부를 진정으로 헤아릴 수 있는 시기라 할 수 있다.

서른의 공부가 신중해야 하는 또 다른 이유는 우리에게 시간이 더는 너그럽지 않다는 사실이다. 스무 살 무렵에는 쉽게 용서가 되던 일들이 이제는 '화성인' 취급을 받아야 할 일이 될 수도 있다. 서른에 이르러서까지 문화센터 취미수준의 공부만 작심삼일로 이어간다면 마흔에 이르러 뼈가 시린 후회의 나날을 보내게 될지도 모른다.

이제 막 나이 앞에 3자를 달았으면서 나이 운운하는 비겁한 어른의 전형을 보이려는 여자들이 있다. 나이가 가져다주는 막연한 두려움과 불안감, 불시로 찾아드는 우울함과 회한을 온몸으로 이해하는 30대 여자로서 훌륭한 예방조치 하나를 선물하겠다. 그것은 바로 60대 이상 노년의 길을 걷고 계신 주변인들 가운데 한 분과 나이에 관해 진솔한 이야기를 나눠보라는 것이다. 최대한 깊이, 그리고 오래. 십중팔구 우리를 '빛나는 나이'라 지칭하며 부러운 눈빛을 감추지 않으실 것이다. '내 나이가 50만 되었어도…' 말끝을 흐리시며 50에도 가능한 것들을 한가득 제시할 것이다. 나이는 숫자에 불과하다는 상투적인 글귀로는 절대 대신할 수 없는 생생한 응원과 격려가 될 것이 분명하다니까.

서른까지는 끝없는 자기탐색의 여정

늦게 시작하는 공부의 가장 치명적인 패착은 늦게 시작한 만큼 빠른 결과를 얻으려는 술수다. 이건 말 그대로 사기다. 혹은 도둑질. 하루에 2시간씩 1년을 투자했는데 5년 이상 몰입한 수준을 원하는 것은 과대망상중에 불과하다. 문제는 늦게 시작한 만큼 조바심이 뇌를 어지럽혀 이 증세를 부채질한다는 것이다.

내 지인인 A의 경우가 꼭 그렇다. 32세인 그녀는 얼마 전 6년간 다니던 회사를 그만뒀다. '새로운 인생을 설계할 것'이라는 과감한 캐치프레이즈를 내걸고 용기 있게 자리를 박찼다. 여기까지는 크게 문제 될 것이 없었다. 아니, 모두의 박수를 받기까지 했다. 6년간 착실히 일하며 모아둔 돈도 제법 두둑했고, 회사에서도 능력을 인정받았던 성실파였기에 하고자 하는 일에 노력만 하면 어느 정도 궤도에 오를 것이 분명해보였다. 무엇보다도 그 하고자 하는 일이 명확했기에 다들 그녀의 '폭탄선언'을 크게 지지했다. 문제는 실업급여 지급이 끝나는 달부터 시작됐다. 고정적인 월급의 달콤함을 무려 6년 가까이 맛보았던 터라 실업급여마저 중단되자 불안함이 증폭되었던 것 같다. 그녀는 6개월쯤 그 일에 열과 성을 쏟는가 싶더니 '직접 겪어보니 적성에 안 맞더라.' 고백하며 재빨리 다른 일로 방향을 틀었다. 그렇게 선택한 다음 일도 반년쯤 쫓아다니며 시간과 돈을 낭비하더니 얼마 전에는 또 전혀 새로운 분야를 기웃거리고 있다는 정보를 입수했다. 주식과 김치도 묵혀두어야 결과를 얻을 수 있는 법인데 자신이 경험해보지 못한 새로운 분야에서 반년 만에 이익을 얻으려는 것은 순전히 날로 먹겠다는 심보다. 우리가 흔히 핑계 삼는 적성과 소질도 사실 일정 이상 노력해본 후에야 판단할 수 있다. A의 경우 보드를 처음 타자마자 서지 못한다는 이유로 보드에 소질이 없다 얘기하는 것과 같다.

아마도 많은 여자에게 20대는 미궁의 시기일 것이다. 그 시기에 일생의 진로를 확실히 설계하고 자아를 완벽히 이해하는 여자는 극히 드물다. 서른까지는 내적, 외적으로 많은 변화와 충동에 시달린다.

전혀 다른 분야를 시작해봄은 어떨까? 유학을 가서 석사학위를 따볼까? 전공을 살려 일본어 강사나 번역가에 도전해볼까? 에잇, 모르겠다. 확 그냥 시집이나 가?

대개 그런 찜찜함을 안고 서른을 맞이한다. 그러니까 일단 서른까지는 끝없는 자기탐색의 여정임을 감안하고 마음을 비워두면 숨쉬기가 한결 편안해질 것이다. 재빨리 내면을 분석·파악하고, 나에게 꼭 맞는 천직을 발견해 그 일로 돈과 행복, 얼마간의 자유까지 얻으려는 로또 같은 이야기는 잠시 접어두자. 그것은 그저 모든 사람들의 로망일 뿐이다. 평균 수명 100세를 바라보는 시대 아니던가. 절반에도 턱없이 못 미치는 서른까지는 자기탐색과 공부(물론 가장 이상적인 공부는 평생 공부로, 우리는 50세에도 60세에도 탐구하고 성장하는 여자로 남을 것이다. 여기서 말하는 공부란 집약적이고 폭발적인 한 분야에 대한 공부다)에 반드시 힘을 쏟아야 한다. 아니, 최소한 하려는 의지라도 갖추어야 한다.

　이 자기탐색이라는 것이 아까 예로 든 A처럼 여기저기에 기웃거리다 포기하기를 반복하라는 얘기가 아니다. 서른까지 파악한 자기를 바탕에 두고 내가 잘하는 분야, 관심 있는 학문 등 공통분모를 간추려야 한다. 신중한 선택을 기본에 깔고 최대한의 노력을 쏟아 붓는 것이 옳다. 이것저것 시도해 보는 것은 나쁘지 않다. 그러나 A처럼 '본전회수'만 염두에 둔 채 이전까지 생각지도 않았던 생소한 분야에 재차 뛰어드는 것은 낭비, 그 이상도 이하도 아니다.

　자아탐색의 원칙은 진솔함과 진정성에 있다. 친구 따라 공무원시험을 준비하고, 사촌의 친구의 언니가 바리스타가 되었다니 나도 갑자기 커피 공부를 시작하고, 영어콤플렉스라는 일시적 울렁거림에 미국 유학길에 오르는 일은 파릇파릇한 스무 살에게 넘기자. 우리는 시행착오를 바탕으로 내면과 대화하고, 충분히 조사해 완벽히 설계하고, 출발 신호를 받으면 열렬히 매진해야 한다. 물론 이러한 신중함에도 중도 포기나 실패가 찾아올 수 있다. 그러나 이 모든 과정이 진정한 자아탐색, 의미 있는 방황이 아닐까? 서른까지는 성장의 고삐를 바싹 조이고 달려나갈 준비를 위해 발구름판에 서 있는 시간이다. 성공의 마중물을 붓는 시간이다.

100세 시대
라이프 디자인

다시 시작해도 괜찮아

서른에 접어들며 불현듯 그런 생각이 방문했다. '언젠간'이라는 미지의 명제를 내걸고 해야지, 해야지 다짐만 했던 일들을 스무 살부터 하루에 30분씩만 했더라면? 지금쯤 나는 지구 반대편에서 전혀 새로운 삶을 살거나, 상상 못 할 즐거움을 만끽할 수도 있지 않을까? 예컨대 내가 중국어나 영어뿐 아니라 프랑스어나 독일어를 했더라면? 삶의 영역은 훨씬 넓어져 예상치 못한 기회를 얻거나, 하다못해 조각 같은 유럽남자와 사랑을 속삭일 수도 있지 않았겠어? 이쯤 되자 마흔 혹은 마흔다섯쯤의 미래가 현실감 있게

스크린에 펼쳐지며 눈앞에 성큼 다가왔다. 굳이 존 F. 케네디의 말을 인용하지 않아도 서른쯤 되면 누구나 시도조차 해보지 않아 백지상태로 남아버린 꿈에 대한 회한 하나쯤은 간직한 듯하다. 중요한 것은 아직 기회는 백스물여덟 번도 더 남아있다는 것일 테고.

그는 말했다. 행동하는 데 따르는 위험과 희생보다 아무것도 하지 않았을 때 치르는 장기적 대가가 훨씬 더 크다고. 쉽게 설명해볼까? 의과대학원에 도전했다가 연속으로 쓴잔을 마신 여자와 의과대학원에 도전하지 않은 자신을 평생 책망하며 후회하는 여자. 둘 중 누가 더 큰 대가를 치르고 있다고 생각하는가? 물론 후자다. 문제는 이런 일들이 우리 일상에 비일비재하지만, 단기적 고통이 주는 위험을 피하고자 거리낌 없이 장기적 희생 버전에 돌입한다는 것이다. 그리고 마흔다섯이나 쉰둘쯤에 이르러 말하겠지. 어쩌면 애꿎은 남편과 아이들을 앞에 두고. 너희 때문에 내 인생을 흐지부지 희생했어. 완전히, 완벽히 헛살았다고!

괜찮다. 아주 괜찮다. 아직 젊은 우리는 이런 시나리오를 피할 수 있는 시간과 에너지가 넉넉하다. 다만 눈을 크게 뜨자. 머리를 단단히 묶고, 가슴을 넓게 펴자. 어느 날 잠에서 깨어나니 20대가 훌쩍 지나버렸다고 하소연하는 여자들이 허다하지만 슬프게도 30대는 3배의 속도로 빨리 지나갈 것이다. 그러니 지금 당장, 한순간의 지체도 없이 시작해야 한다. 무엇을? 곪아터질 상처로 자리 잡지 않을 도전목록들을. 나를 조금 더 나답게 만들어줄 공부목록들을. 단언컨대 공부에 가장 적합한 나이는 바로 지금이다.

호모 헌드레드, 100세 시대 라이프 디자인

2014년 대한민국 여성의 평균수명은 84세. 1990년 이후로 매년 5개월씩 늘어나고 있는데, 이런 추세라면 50년 후 기대수명은 100세에 이르게 된다. 잊힐만하면 등장하는 '100세 시대'에 관한 기사를 접하며 처음 든 생각은 '이제 정말 큰일 났군'이었다.

이것이 무얼 의미하냐고? 이 책을 읽는 여성독자의 평균나이를 대략 서른 전후라고 잡아도 앞으로 50여 년의 세월이 기다리고 있다는 의미다. 딱 평균수명까지만 산다고 가정해도 말이다. 수명연장은 인류의 오랜 숙원이었으나 조선 시대 왕보다도 두 배나 오래 살게 된 현대인에게 그것은 '다른 재앙'의 일부가 될 수 있다

호모 헌드레드Homo-hundred. 인류는 역사상 한 번도 경험하지 못한 새로운 삶의 형태에 대비해야만 한다. 이것은 2014년 우리가 직면한 순도 100% 리얼리티다. 평균수명이 70세쯤 되었다면 65세에 은퇴한 뒤 5년 정도의 시간만 대충 때우면(?) 적당히 삶을 마무리 할 수 있었다. 그러나 이제는 은퇴 후에도 약 20년의 세월이 우리를 기다리고 있다. 대충 때우려 덤빈다면 생지옥이 될 수도 있는 기나긴 시간이 우리에게 주어진 것이다. 이것은 결코 먼 나라 이웃 나라의 이야기가 아니다. '나'와 '우리'가 탐구해야 할 삶의 질에 관한 문제다. 어쩌면 21세기의 우리는 공부해야 하는 숙명을 타고났다. 하나의 전공으로 85년을 산다는 것은 지극히 비현실적이니까. 가까운 미래

에는 누구나 직업을 두세 번 바꾸고, 적성검사를 하듯 노후의 비전과 진로를 설계해야 하는 일이 현실이 될 것이다. 100세 시대에 준비해야 할 것은 건강과 노후자금만이 전부가 아니기 때문이다.

20년이란 시간은 생각보다 길다. 평범한 사람의 하루 24시간 중 수면, 식사, 목욕과 같은 시간을 뺀 하루 여가는 평균 11시간. 이를 365일과 20년으로 곱하면 8만 300시간이 나온다. 여유시간이 자그마치 8만 시간이라는 얘기다. 아직 생생히 감이 안 온다고? 이 8만 시간으로 말할 것 같으면 40년 동안 일한 사람의 전체 노동시간(연간 2,000시간×40년)과 맞먹는 긴 시간이다. '은퇴하면 적당히 텃밭이나 가꾸면서 여행 다녀야지.'라는 구호가 통하지 않는 시대에 도래했다. 텃밭을 가꿔도 8만 시간을 가꿔야만 하는 것이다. 그래서 대체 무얼 이야기하고 싶은 거냐고? 요지는 이렇다. 서른의 우리에겐 두고두고 써먹을 수 있는 다른 대안이 필요하다. 마흔까지 공부해서 그 후 사골처럼 오래 우려먹을 수 있는 공부, 스스로 소명과 내면의 부름에 응답하는 공부 말이다.

'평생 공부'하면 바로 떠오르는 인물이 있다. 2년 전 인터뷰어와 인터뷰이로 만난 황안나 선생님이 그 주인공이다. 지금도 가끔 안부를 물으며 연락을 주고받는다. 1940년생. 올해 75세를 맞이하셨다. 언뜻 소녀 감성이 폴폴 묻어날 것 같지만 절대 겉모습으로만 판단해선 안 된다. 할머니로 말하자면 전 세계를 두루 누비신 도보여행가다. 돌도 씹어 먹던 젊은 날의 얘기가 아니다. 은퇴 후 65세 이후에 얻게 된 새로운 직업이다. 이 분을 인터뷰하며 100세 시대에 걸맞은 라이프디자인은 이렇게 이루어져야 마땅하다고 생각했다. 인터뷰를 위해 부천의 한 카페에 자리를 잡고 앉았는데 70세가 넘으신 분의 호주머니에서 최신형 스마트폰이 나왔다. 놀란 내 시선을 의식하셨는지 수줍게 웃으시며 젊은이들과 소통하기 위해 스마트폰을 한창 익히는 중이라 말씀하셨다.

황안나 할머니는 40년간 교단에서 아이들을 가르친 선생님이었다. 은퇴 후 컴퓨터를 배워 블로그를 개설하였는데 하루 평균 2,500명이 찾는 파워 블로거가 되었다. 66세에는 처음으로 책을 출간하며 작가라는 새로운 직함을 추가했다. 67세에는 동해부터 남해, 서해에 이르는 해안선 4천 킬로미터를 100여 일에 걸쳐 일주했다. 그리고 난생처음 자전거도 배우셨다고 한다. 68세에는 800킬로에 이르는 스페인 산티아고 순례길에 오르셨고 나 홀로 해외여행을 위해 영어를 처음부터 다시 공부하셨다. 앞으로 최소한 10년은 써먹지 않겠느냐는 마음에서다.

배우고 도전할수록 스스로에 갖고 있던 편견의 판이 여지없이 깨지는 기이한 경험을 하셨다 고백하신다. 65세 이후, 할머니는 글쓰기를, 컴퓨터를, 외국의 문화와 언어를, 심지어 자전거와 운전, 스마트폰까지 새로 배우셨다. 그리고 '나이'라는 통곡의 벽 앞에 마주한 새파랗게 젊은 우리에게 갈씀하신다. 성패에 연연 말고 배움 자체를 즐겨보라고. 자신에게 감동하고 감격하는 삶, 그거 그리 거창한 거 아니라고.

우리 앞에 놓인 길고 빛나는 시간을 어떻게 조각해야 하는지 숙고해봐야 할 때이다. 은퇴 후 은퇴설계는 어불성설이다.

호모 헌드레드. 100세 시대의 문턱에 선 당신은 어떤 인생을 갖길 원하는가?

여자는
왜 공부해야
하는가

어설픈 자기 합리화는 호주머니로

다시 원점으로 돌아가보자. 그렇다면 여자는 대체 왜 공부해야 하는가? 다른 누구도 아닌 우리 여자들이 자발적으로 공부해야 하는 이유는 무엇이란 말인가? 이유를 나열하기에 앞서 세계적인 작가 무라카미 하루키의 일화를 들려주고자 한다.

우리나라에서도 두터운 마니아층을 가진 작가 무라카미 하루키가 달리기광이라는 사실은 널리 알려져 있다. 그런데 그 '달리기'가 우리가 흔히 하는 '조깅화 신고 동네 한 바퀴'라 생각하면 큰 오산이다. 그는 먼 훗날 모비

명에 '작가 그리고 러너'라고 적고 싶다고 고백할 만큼 러너로서의 자부심이 대단한 사람이다. 단순히 마라톤 한 번 참가한 정도 수준의 러너가 아니라 30년 넘게 하루도 빠짐없이 매일 달리는 사람이다. 이쯤 되니 달리기 경력도 글쓰기 경력만큼이나 휘황찬란하다. 그는 49.195㎞ 마라톤 전 구간을 25번 완주했으며, 철인삼종경기, 100㎞ 울트라 마라톤 대회까지 참가한 '독종' 작가다. 이보다 더 놀라운 것은 33세에 달리기를 시작한 후 환갑이 훌쩍 넘은 지금까지 매일 달린다는 사실이다. 눈이 오나 비가 오나, 출장길에 올라도 가벼운 감기에 걸려도 그는 달린다. 어떤 대상에 뜨거움을 쏟아본 사람은 안다. 열정을 쏟기보다 지속시키기가 배나 어렵다는 사실을. 30년 이상 같은 일을 반복하는 사람의 내면에는 어떤 내공이 깃들어 있을까? 감히 짐작조차 하기 어렵다. 그간 하루키는 "왜 그렇게 목숨 걸고 달리는 거냐?"란 질문을 지겹도록 받아온 모양인지 궁금한 독자를 위해 친절히 달리기에 관한 철학을 담은 에세이를 출간했다. 『달리기를 말할 때 내가 하고 싶은 이야기』가 바로 그것이다. 그곳에 소개된 '꾸준함을 유지하는 하루키만의 원칙'은 이러했다.

"매일 달린다는 것은 나에게 생명선과 같은 것으로, 바쁘다는 핑계로 인해 건너뛰거나 그만둘 수는 없다. 만약 바쁘다는 이유만으로 달리는 연습을 중지한다면 틀림없이 평생 달릴 수 없게 되어버릴 것이다. 계속 달려야 하는 이유는 아주 조금밖에 없지만 달리는 것을 그만둘 이유라면 대형트럭 가득히 있기 때문이다. 우리에게 가능한 것은 그 '아주 적은 이유'를 하나하나 소중하게 단련하는 일뿐이다."

우리에겐 뭔가를 지속해야 할 이유보다 자기 합리화를 내세우며 때려치워야 할 이유가 언제나 더 많았다. 그러나 '작고 사소한 이유'를 소중히 여기는 작가 하루키는 그것들을 가슴에 품고 무려 사반세기를 달렸고, 또 달리고 있다.

다시 처음으로 돌아가보자. 여자는 왜 공부해야 하는가? 우리에게 공부해야 하는 이유는 심지어 '작고 사소'하지 않다. 여자가 공부해야만 하는 이유는 차고 넘친다. 크고 위대하다. 하지만 우리는 하루키와 정반대로 이유가 아무리 거대해도 작은 유혹 하나에 그것들을 몽땅 지워버리고 만다. 이제 지겹지 않은가? 공부에 지고, 지고, 또 지는 악순환의 고리. 언제부턴가 결심을 비웃는 내 뇌와 포기와 체념이 자연스러운 풍경이 되어버린 내 일상. 달라지고 싶고, 일어서고 싶다. 지리멸렬한 일상을 이어간다고 소중한 꿈과 찬란한 성공을 완전히 지운 것은 아니다. 여성잡지에 등장하는 당당한 그녀들처럼 한 번은 각자 삶에 꽃을 피워보고 싶다. 온전한 자신의 힘으로.

여자가 공부해야만 하는 이유

여자는 사실 자타공인 독종이 아닌 이상 공부를 지속하기 힘든 환경에 살고 있다. 물론 또래 남자들과 비교하면 그렇다는 얘기다. 여자가 서른이 넘어 공부하면 묘한 눈칫밥도 감내해야 한다. 대체 결혼은 안 하고 뭐 하는 뻘짓(?)이냐는 노골적인 의문이 담긴 눈빛들이 화살처럼 날아든다. 결혼하고 공부를 해도 사정은 크게 다르지 않다. 시부모님과 시댁식구들을 깡그리 무시한 채 공부에 몰입하는 대담한 여자는 극히 드물다. 심지어 아무도 눈치주는 사람이 없다 해도 가장 잔인한 자아비판, 자기검열을 피하기 힘들다.

곧 아이도 갖고 육아전쟁에 돌입해야 하는데 이게 잘하는 짓일까? 남편처럼 회사에 뼈를 묻을 것도 아닌데 이걸 어디 써먹을 데나 있을까? 입시도, 취업도, 승진도 남의 나라 얘긴데 시간 낭비 아닌가?

그런데 사실 앞서 예로 든 그 모든 이유가 바로 우리 여자들이 공부해야만 하는 중요한 이유다.

공부는 여자의 삶을 바꾼다. 나는 이 사실을 맹목적으로 믿는다. 몸소 경험했고, 지금껏 '삶의 혁명'에 성공한 모든 여자가 그 도구로 '공부'를 선택한 것을 보아왔다.

그렇다면 여자의 삶을 바꾸는 공부의 힘, 그 이유에 대해 정리해보도록 하겠다.

- 공부하고 말고는 더는 선택의 문제가 아니다.

선택해야 할 것은 어떤 공부를 어떻게, 얼마나 할 것인지에 관한 구체적인 플랜이다. 공부는 생존의 일부로, 삶의 동반자처럼 함께 가야 한다. 선택할 것은 실현 가능한 구체적 액션플랜이다.

'공부벌레'로 유명한 인문학자 고미숙 씨는 말한다. 공부는 원초적 본능이자 삶의 모든 과정이라고. 그녀가 풀이하는 공부는 일상과 분리되지 않는다. 공부가 일상이고, 일상이 곧 공부다. 그녀는 바로 그 때문에 일상은 곧바로 혁명이 된다고 설명한다. 여기에서 혁명이란 바리케이드 위에서 적대적 투쟁 속에서 자신을 표현하는 그런 류가 아니라, 언제 어디서건 존재의 생성과 변이를 가능케 하는 유목민적 여정, 바로 그것이라는 부가설명과 함께.

- 공부는 여자 삶의 '방공호'다.

확실한 것은 아무것도 없는 불확실성의 세계. 우리를 지켜줄 수 있는 것은 아무것도 없다. 직장도 직업도 부모도 남자도. 각자의 꿈을 실현해줄 수 있는 유일한 사람은 자신뿐이다. 공부는 우리 삶이 방공호이자, 성공의 지렛대다.

- 공부만큼 확실한 투자처는 없다.

저금리, 아니 사실상 무금리 시대. 공부야말로 저^{低}리스크 고^{高}리턴의 확실한 결과가 나오는 투자처다. 보험이나 펀드 금액의 20%쯤은 '나'라는 금융

상품에 투자하여 장기간 묵혀두라. 원금보장은 거의 100%다.

- **정신적, 경제적 독립을 위해 반드시 필요하다.**

진정한 어른이란 육체적인 완성이 아니라 정신적, 경제적으로 자립하여 우뚝 선 사람을 의미한다. 자신의 내면을 이끄는 데 공부만 한 명상은 드물며, 경제적 독립을 위해서도 이는 반드시 필요하다.

- **나 자신과 삶을 더 깊이 사랑하기 위함이다.**

모르긴 몰라도 우리가 자신을 가장 진실 되고 깊이 사랑하는 시기는 매년 1월 1일이 아닐까 싶다. 간절한 마음으로 염원하는 바를 기도하고 새로운 도전을 꿈꾸는 시간. 그때의 마음으로 나머지 364일을 살아봄은 어떨까.

헬렌 니어링의 『아름다운 삶, 사랑, 그리고 마무리』 중에 다음과 같은 구절이 나온다.

> 인생은 당신이 배우는 대로 형성되는 학교다.
> 당신의 현재 생활은 책 속의 한 장에 지나지 않는다.
> 당신은 지나간 장들을 썼고, 뒤의 장들을 써갈 것이다.
> 당신이 당신 자신의 저자다. (중략)
> 당신의 신이 존재를 확인받기 위해 당신을 필요로 하듯이 살아라.
> 진실로 그렇게 하라.

배우는 대로 형성되는 학교. 우리는 지금 각자 인생 학교의 유일한 학생이다. 평생 배우는 학생의 자세로 살았던 헬렌 니어링의 말처럼 우리만이 우리 책의 유일무이한 저자이기도 하다. 공백이 그득한 나머지 장들을 어떻게 채울지는 아직 미지수다. 그건 각자의 몫이다.

그녀들의
꿈꾸는
공부법
1

공부는
사막여행자처럼!

그녀들은 절대 어설프지 않다. 굉장히 치밀하고 전략적인 계획을 세우고 공부한다. 개미집처럼 튼튼한 구조, 벌집처럼 완벽한 형태, 강한 비바람에도 무너지지 않을 '절대 계획'을 수립하고 있었다.

알다시피 사막여행은 많은 준비물과 계획을 필요로 한다. 나침반도 필요하고 낙타도 필요하다. 신선한 물도 많이 준비해야 하고, 튼튼한 텐트와 침낭도 필수다. 사막여행에 아이스크림을 가져간다면 어떻게 될까? 킬리만자로에 하이힐로 오른다면? 철저한 준비는 꿈을 앞당긴다. 필요하다면 여행가이드도 부르고 컨설팅도 받아라. 현금, 여행자수표, 카드도 준비하고, 현지어도 몇 마디 익혀야 한다. 공부도 똑같다.

컨벤션기획사를 꿈꾼다고? 커뮤니케이션 전문가로 활동하고 싶다고? 매일 1시간 공부하기'와 같은 순진무구한 계획으로 목표를 이룰 거라 기대하는 건 아니겠지? 튼튼한 건축물은 대못 하나가 빠진다고 무너지지 않는다. 반면 모래 위에 지은 성은 지붕을 다이아몬드 원석으로 쌓아 올려도 소용이 없다. 목표에 이를 완벽한 지도를 준비하자.

1년에 100권 읽기가 목표라고? 그렇다면 한 달에 읽어야 할 책은 몇 권인지, 한 주에 읽어야 할 책은 몇 권인지, 마지막으로 오늘 당장 읽어야 할 분량까지 산출한다. 그리고 매일 그 작은 일들을 꾸준히 실천해나가면 된다.

의지 강약에 상관없이 큰 목표를 한 번에 성취하는 일은 거의 불가능하다. 일단은 북한산이라도 등정해봐야 에베레스트를 오를 것 아닌가? 나만의 '성공 사다리'를 만들어라. 내딛는 걸음마다 작은 목표들을 매달아라. 중간중간 포진해 있는 적들을 물리쳐야 '끝판왕'도 무찌를 수 있을 것이다.

어떻게 공부할 것인가?

네가 지금 길을 잃어 버린 것은,
네가 지금 가야만 할 길이 있기 때문이다.
• 프랑스 속담

,

여자의 공부를
가로막는
작심삼일 탈출하기

작심삼일 패턴 깨부수기

우리는 이제 안다. 열정과 의욕은 모든 일의 엔진이지만 자동차가 엔진만으로 굴러가는 것은 아니듯이, 그 두 가지만 가지고 되는 일은 세상에 없다는 것을. 여자의 생애를 몇 가지 사건으로 간추리자면 거의 모든 여자의 것이 비슷할지 모르겠다. 일, 결혼, 출산, 육아 등등. 하지만 삶이란 디테일의 예술이다. 그 안에 어떤 섬세한 요소를 첨가하느냐에 따라 색채가 달라진다. 공부도 마찬가지. 어떤 전략과 방법론으로 접근하느냐에 따라 지구 핵과 우주만큼의 차이로 벌어진다. 열정과 의욕은 둘론 근간에 해당한다. 중간중간 지쳐 축 처진 어깨를 끌어올리는 원동력으로 작용하기도 할 것이다. 하지만 성공 여부를 판가름하는 것은 그 안에 든 무수한 요소다. 인내, 미래, 꿈과 비전, 훌륭한 교재나 스승, 시간관리, 체력, 경쟁심, 자존감, 가족이나 애인의 지지, 격려 등과 같은 맛깔스러운 조미료들. 그 구체적인 방법들에 관해서는 뒷부분에서 따로 설명하기로 하겠다.

이 얘기를 먼저 끄집어내는 까닭은 우리에게 커다란 무기가 있음을 미리 밝히기 위해서다. 열정과 의욕만으로 되는 일은 세상에 없다는 쓰디쓴 교훈을 알고 있다는 것은 스무 살의 그녀들은 가질 수 없는 서른만의 무기가 확실하다.

자, 그렇다면 이 무기를 손에 들고 다시 원점에 서보자. 지금까지가 공부 의지를 일깨우는 물밑 작업이었다면 이제부터는 본격적인 점화의 시간이다.

가장 먼저 외부와 단절을 할 수 있는 장소에서 자신의 지난 공부에 대해 생각할 시간을 갖도록 한다. 특히 중점적으로 돌아보아야 할 것이 있다. 20대부터 지금까지 세웠던 숱한 공부계획 가운데 반복적으로 실패하는 분야는 어떤 것인지 떠올려보자. 그리고 왜 매번 실패하는지 그 이유를 아주 깊게, 구체적으로 생각해보자.

나의 경우, 결단력과 실행력은 뛰어나지만 늘 뒷심이 부족했다. 뜨겁게 달아올라 매섭게 몰입하는가 싶다가도 몇 개월이 지나면 심드렁해지기 일쑤였다. 작심삼일의 진짜 의미가 '최소한의 성과도 얻지 못한 채 그간의 시간을 쓰레기통에 처박는 것'이라면 내 공부가 꼭 그랬다. 어쩌면 실행력보다 중요한 것은 지속력이다. 일주일에 하루 3시간을 공부하는 것보다 30분씩 매일 공부하는 것이 효율적이라는 것은 모든 공부 도사들의 공통적인 주장이기도 하고.

위안이 되는 것은 어쨌든 이 작심삼일이 나뿐만 아니라 다른 수많은 사람이 평생 안고 가는 악습, 공부(혹은 기타 숱한 목표들)를 방해하는 결정적인 이유라는 것이다.

조사에 따르면 이른바 신년 계획 때문에 관련 업체들의 매출은 춤을 춘다. 헬스장, 어학원 등 소위 '결심산업' 매출은 1월 중 급증하지만 놀랍게도 2월엔 제자리로 돌아간다. 절반을 훌쩍 넘는 62.6%는 한 달 내 포기하고, 심지어 5명 중 1명(18.9%)은 결심만 하고 시작조차 하지 못한다.

말인즉슨 작심삼일의 패턴만 깨부술 수 있다면 공부를 방해하는 무시무시한 악마 한 명을 거뜬히 무찌를 수 있다는 의미가 된다. 그렇다면 도대체 이 악순환에서 어떻게 벗어날 것인가?

새해 목표를 크리스마스까지

국내외 숱한 공부벌레들의 자서전과 인터뷰 기사 등을 폭풍 검색하고 그 결과를 취합하니, 다음과 같은 결론이 나왔다. 머리로는 알고 있었지만, 가슴과 심장으론 받아들인 적 없는 이들은 주목하길 바란다.

- **매일 목표를 점검한다.**

목표는 종이에 적고, 구체적인 액션플랜을 계획한다. 심리상담 기법에도 다음과 같은 것이 있다. 진솔한 감정과 욕망을 가감 없이 나열하는 기법이다. 흔히 유행하는 '버킷리스트 작성법'과 흡사하다. 예를 들면 '나를 성장시키는 100가지 목록', '하고 싶은 일 100가지 리스트' 등을 작성한다. 그중 하나가 '중국어 마스터하기'라면 이번에는 그것을 이루는 방법 100가지를 다시 적어보는 것이다. 언뜻 별것 아닌 것으로 보이지만 이는 절대 간단하지 않다. 글을 쓴다는 것은 머릿속에 생각으로만 담고 있던 추상적인 무언가를 구체적인 행동으로 옮기는 일이다. 생각을 정리하는 확실한 수단이 됨은 물론이다. 이렇듯 한 가지 목표를 다시 쪼개 100가지 방법론으로 나열하는 동안 세포 틈새에 숨어 있던 크고 작은 아이디어, 잠재능력, 또 다른 꿈과 비전 등 내면세계가 재배열될 것이다.

목표를 적고 구체적으로 쪼갰다면 적어도 하루에 세 번씩 목표를 점검하는 시간을 가진다. 우리는 망각의 동물이라 심지어 출산의 고통까지도 까먹지 않던가? 하물며 당장 먹고 사는 데 지장 없는 목표들이야 오죽할까? 그러니 뇌에 고통을 주어야 한다. 자꾸 반복해서 문신처럼 새겨지게 하여야 한다. 인생의 지도란 별다른 것이 아니다. 목표를 적은 종이가 곧 지도이자 이정표다.

- 하기 싫은 일부터 처리한다.

흔히 '슈퍼우먼'으로 불리는 여자들의 특징은 무엇일까? 그것은 하기 싫은 일을 끝내 해냈다는 것이다. 간단하다고? 아니, 그렇지 않다. 왜냐하면 내가 하기 싫은 일은 남도 똑같이 하기 싫은 일이기 때문이다. 나에게 힘들고 어려운 일은 남에게도 힘들고 어렵다. 아침밥도 거르고 출근 전 영어강의를 듣는 일, 그건 그 사람 천성이 '새벽잠 없는 늙은이'라서 가능한 것이 절대 아니란 말씀이다. 똑같이 5분만 더 누워 있고 싶은 충동을 온 생의 에너지로 이겨내고 자리를 박차고 나온 거란 말씀이다. '내가 뭘 부귀영화를 누리려고 이렇게 사나?'라는 자기 합리화의 유혹을 간신히 털어내고 자리를 지키는 거다. 그녀들이 부지런하고 독하게 타고나서 그런 게 결코 아니라는 얘기다.

삶의 딜레마 가운데 하나는 해야 하는 일은 언제나 하기 힘든 일이거나 하기 싫은 일이라는 사실이다. 그러니 이 사실을 그냥 순순히 받아들이고 이제는 역으로 이용해보자. 매일 '해야 하지만 하기 싫은 일'을 먼저 처리하는 것이다. 장기적 목표와 관련된 일(중요하지만 시급하지 않기에 행동에 옮기기 무진장 어려운 일이기도 하다)도 세트로 처리하면 좋다.

제너럴 일렉트릭의 전 CEO 잭 웰치 Jack Welch나 메리 케이 화장품의 창립자인 메리 케이 애시 Mary Kay Ash 역시 이 방법으로 성과를 높이고 꿈을 이룬 것으로 알려졌다. 그들은 날마다 장기 목표와 관련된 일과 가장 처리하기 힘든 일을 우선으로 처리하며 하루를 시작했다고 한다.

- **미움받을 각오를 한다.**

생뚱맞다고? 여자가 비즈니스 정글(혹은 기타 우리가 아는 모든 분야)에서 성공하기 힘든 이유 중 하나는 '성공한 여자는 마녀사냥을 당한다'는, 중세 유럽의 마녀사냥 못지않은 무시무시한 룰이 있기 때문이다. 성공한 여자는 주목을 받고, 주목을 받는 여자는 커피숍 혹은 술자리 단골 안주가 되기 쉬우며, 사람들은 안줏거리로 칭찬과 찬양보다는 비난과 흠집을 찾아내길 즐긴다. 일련의 과정을 거치고 나면 대부분 여자는 나가떨어지거나 더 강해지거나 모 아니면 도다. 그런데 이게 대체 '작심삼일'과 무슨 상관이냐 반문할 수 있겠다. 작심삼일의 패턴을 깨기 가장 힘든 요인 중 하나는 바로 '타인'이다. 채식주의자가 되기를 선포하거나, 1년에 책 100권 읽기를 목표할 때 걸림돌이 되는 것은 직장동료나 친구들의 수군거림, 비아냥이다. 채식주의자가 되기 위해서는 삼겹살 회식 자리에서도 의지를 밀고 나가야 하며, 책을 100권 읽기 위해서는 주말 친구의 콜을 적당히 무시하고 욕먹을 각오를 다져야 한다.

남들의 뒷이야기도 일정 감당할 마음의 근육을 길러야 한다. 타인에게 삶을 맡기고 눈치 보지 않겠다는 다짐이 선행되어야 한다. 질질 끌려다니지 않겠다는 강한 결심을 매일 하자. 돌아보니 나를 진정 상처 입히는 것은 트집 잡히며 욕먹는 일 따위가 아니라 자신과 맺은 약속을 쉽게 깨뜨리고 뒷걸음질치는 소심하고 나약한 내 모습이었다.

- 3일에 한 번씩 결심한다.

작심삼일을 없애는 가장 간단한 방법? 그건 3일에 한 번씩 다시 시작하는 것이다. 다시 결심하는 것이다. 3일에 한 번씩 100번 실행하는 거다. 반복된 행동은 생활이 되고 습관이 되어 결국 극적인 변화를 일으킨다. 그리고 알다시피 습관은 만들기가 어렵지 한 번 굳어지면 좀처럼 떨쳐내기 힘들다. 악습 한 가지만 바꾸어도 삶의 형태가 많이 달라진다.

이 밖에도 여자의 공부를 방해하는 악마들은 각양각색의 모습으로 위장해 우리 곁을 서성인다. 재미도 의미도 없는 연애, 여자의 성공은 한계가 있다는, 아무도 강요하지 않았지만 많은 여자가 자발적으로 갇힌 자포자기의 늪, 현실을 바꿀 수 없을 것이라는 믿음, 즉 본인에 대한 신뢰 상실, 귀차니즘이라는 고질병과 조울증 같은 감정변화도 한몫하겠다.

그렇다면 이번에는 '당신'의 공부를 방해하는 결정적 한 방은 무엇인지 고민해보자. 천재지변의 변수야 컨트롤 불가겠지만 약간의 용기와 작은 변화만으로 쉽게 정복 가능한 것들이 의외로 많다. 남자친구나 배우자의 반대? 시간확보의 실패? 자제력이나 인내심이 바닥이라고? 명심할 것! 문을 잠근 사람도 당신이듯 열쇠를 쥔 사람도 당신뿐이다. 더는 멋대로 살아온 책임을 타인과 환경에 묻지 말아야 한다. 문제를 정면에서 응시하고 담대히 맞서 싸워야 한다.

5년 후를
바꾸는
퇴근 후 2시간

지금 당장 시작하는 시(時)테크

같은 하루를 보내지만 사실 시간에 있어서 우리 여자들은 남자들에 비해 다소 불리한 입장이다. 외출 준비만 해도 그렇다. 남자들은 세수하며 머리도 감고, 머리만 간단히 만지면 언제든 외출 준비 끝인데 반해 우리 여자들은 언제나 더 많은 시간이 필요하다. 샤워 시간, 화장 시간, 손톱 정리 시간, 탈의 시간 등등. 그밖에 거의 모든 일에 남자보다 많은 시간이 있어야 하는 것 같다.

    그래서일까? 주변엔 유난히 시간이 없다는 한숨을 길게 내뱉는 여자들이 많다. 그렇다면, 시간이 없다고 투덜대는 이들에게 매일 50분의 시간을 확보할 수 있는 가장 간단한 방법을 알려주겠다. 기상 시간을 앞당길 필요도 없고 수면 시간을 단축할 필요도 없다. 솔깃하지 않은가? 그 방법은 바로 TV를 보지 않는 것이다.

한국 성인남녀의 하루 평균 TV 시청 시간은 자그마치 3시간 14분. 최근엔 스마트폰 이용시간도 만만치 않아, 하루 평균 1시간 44분은 스마트폰을 만지작거리며 시간을 보내는 것으로 알려졌다. 물론 TV나 스마트폰을 엿바꿔 먹으라는 얘기는 아니다. 언론매체와 아예 담쌓고 사는 것도 옳지 않다. 아니, 불가능하다. 대신 꼭 필요한 방송은 인터넷이나 애플리케이션 등을 통해 다운받아 골라보는 센스를 발휘하는 것이다. TV란 인생의 시계를 갉아먹거나 거꾸로 돌리기에 최적화된 상자다. 주말을 TV 앞에서 보내다 보면 블랙홀처럼 빨려 들어가 3~4시간은 눈 깜짝할 새 흘러가 버린다. 이건 한마디로 수명단축이다. TV를 지혜롭게 활용하는 사람과 TV에 영혼을 뺏긴 사람의 하루는 겨우 몇 시간 정도의 차이일지 모르지만, 인생 전체를 놓고 보면 이건 말 그대로 평균수명의 단축이다

구체적인 수치를 들어볼까? 매일 평균 2시간, 1년 365일 TV를 시청한다면 총 730시간가량을 TV 앞에서 소비하는 꼴이다. 730시간을 24시간으로 나누면 한 달, 즉 30일의 시간과 같다. 말하자면 1년에 11개월을 사는 셈이다. 억울하지 않은가? 인터넷 서핑이나 스마트폰 이용시간 역시 마찬가지. 이를 줄이면 하루에 추가로 1시간 정도를 확보할 수 있다. 다시 말해 불필

요한 TV 시청이나 인터넷 서핑, 스마트폰 이용을 줄이면 인생의 시계를 늘릴 수 있다는 얘기다.

좀 더 충격적인 얘기를 해볼까? 미국의 연구프로젝트인 애플루언스 콜라보러티브 Affluence Collaborative 의 지난 2012년 조사에 따르면 연봉이 낮은 사람일수록 TV 보는 시간이 긴 것으로 밝혀졌다. 인터넷 사용도 마찬가지였다. 연봉 50만 달러가 넘는 사람들의 21%는 일주일에 5시간 미만 TV를 시청하는 데 반해 연봉 20만 달러 그룹에서는 일주일에 21시간 TV를 본다는 대답이 40%에 가까웠다.

미국의 계층별 특징을 연구한 『계층 이동의 사다리』라는 책에도 대물림되는 가난의 특징 중 하나를 'TV 시청'으로 꼽았다. 빈곤층의 특징 세 가지 중 하나는 항상 TV가 켜져 있는 점이라고 지적했다.

자, 정리해보자. 아무리 바쁜 사람도 하루 2~3시간의 자유 시간, 즉, 나를 위한 시간, 미래를 준비할 수 있는 시간을 확보할 수 있다. 시時테크란 거창한 것이 아니다. 5년 후 꿈꾸는 내 모습을 위해 오늘 하루 2시간을 저금하는 것이다. 그리고 그 2시간은 당장 TV와 인터넷, 스마트폰 사용 시간만 줄여도 확보 가능하다.

3·3·3 시간법칙

3·3·3 시간법칙을 풀이하면 이렇다. 하루에 3시간씩 적어도 일주일에 3일을 3년간 지속하면 그 일에서 성과를 얻을 수 있다는 법칙이다. '서당 개 3년이면 풍월을 읊는다.'는 우리 속담에는 놀라운 지혜가 담겨 있다. 우리 조상은 왜 2년도, 4년도 아니고 하필 3년을 이야기했을까? 그건 아마도 '3년'이라는 기간이 꿈을 위한 최소한의 투자 시간이기 때문일 것이다.

전문가들의 모임에서 흔히 오가는 속설도 이와 비슷하다. 그들은 전문용어로 '골방에서의 3년'을 이야기한다. 3년쯤 한 분야에 진득하게 미쳐본 경험을 가진 사람과 그렇지 않은 사람의 차이는 너무나 크고 확연하다는 것이다. 3년쯤 혼자만의 공간에 자발적으로 갇혀 오로지 꿈과 미래를 위해 몰입한 시간을 가진 여자는 결국 어떤 형태로든 그것을 보답 받는다. 물론 로또처럼 당장 삶의 변화를 일으키는 파격적이고 즉흥적인 것은 아니다. 그러나 서서히, 견고하고 강렬하게 삶의 지층을 재배열한다.

나에게 있어 삶을 바꾼 그 3년은 24세에 대학원에 진학해 공부하던 시기였다. 중국 현대문학을 전공하며 한편으론 한국문학과 세계문학을 거의 매일 한 권씩 읽었다. 누가 시켰거나 스펙 쌓기 용이나 돈이나 경력 등 보상을 위한 것이라면 그렇게까지 홀딱 미칠 수 없었을 거다. 읽는다는 행위가 너무나 신 나고 짜릿해서 매일 읽었다. 떡 본 김에 제사 지낸다고, 서평노트를 마련해 읽은 책을 기록하고 기록된 글들을 이런저런 공모전에 투고해 상도 많이 받았다. 2년쯤 지나자 '읽고 쓴다는 행위'에도 가속도가 붙고 노하우가 실렸다. 좋은 책을 선별하는 눈이 뜨였고, 내게 맞는 효과적인 읽기의 방법도 터득했다. 지금은 그 폭발적이고 집약적인 열정의 시기를 토양으로 심었던 나무 열매를 천천히 거두는 중이다. 내 삶에 다른 기회와 행복을 제공할 또 다른 토양의 기초를 닦을 준비를 함은 물론이다.

3·3·3 시간법칙은 경영학의 구루라 불리는 지식인의 아이콘, 피터 드러커Peter Drucker의 학습법과도 일맥상통한다. 현대경영학의 창시자인 그는 자신을 '사회생태학자'라고 불렀는데 그보다 더 어울리는 별칭은 '영원한 학생'이 아닐까 싶다.

그는 평생 2~3년에 하나씩 관심 있는 주제를 선정하고 그것을 공부했다. 대부분이 방대한 독서를 바탕으로 한 독학이었다. 그는 경영학 이외에도 법학, 역사, 경제학, 사회학 등을 두루 섭렵했고, 음악은 피아노와 첼로를 오케스트라와 연주할 정도였으며, 일본화에 대해서 평론집을 저술하고 강의를 했을 정도로 미술에도 높은 식견을 갖고 있었다. 철학을 강의하기도 했고, 소설과 수필도 썼다. 20세기에 활동했으나 21세기에 어울리는 진정한 '융합형 인재'였다. 이 밖에도 그가 준전문가 수준으로 정복한 분야는 수도 없이 많았다. 그는 세상을 어린아이 같은 호기심으로 관찰하며 공부를 가장 흥미 있고 쓸모 있는 놀이라 여기며 90평생을 살았다.

노벨문학상을 받은 일본의 저명한 소설가 오에 겐자부로의 학습법 역시 3·3·3 시간법칙을 똑 닮았다. 그는 3년에 한 번씩 관심 있는 인물 한 명을 선택해 집중적으로 탐구한다. 세계사를 바꾼 탁월한 인물을 정해 그의 철학, 인생, 연구결과 등을 공부하는 것이다. 15세 때부터 작품 활동을 한 그의 삶은 한마디로 '가공할만한 지적 편력'이라 말할 수 있다. 1935년생인 그는 지금도 여전히 배우며 성장하고 있다.

미친 듯 공부하며 불꽃 같은 삶을 살았던 여인 전혜린은 일기에 이렇게 썼다.

> "인생이란 우리가 온 심장으로 사랑하는 그 무엇으로 채워져야만 한다. 그렇지 않으면 인생은 공허하고 불만족한 것이 될 것이다."

심장을 바운스 바운스 뛰게 할 그 무엇. 당신은 가졌는가? 인생이란 우리가 숨 쉬어온 그 모든 날이 아니라, 숨이 멎을 것 같았던 순간들의 합이라 했다. 숨이 멎을 것 같았던 환희의 순간들. 그리고 그 목록을 갖는 것은 우리에게 엄청난 자산이다. 전부 이뤘든 이루지 못했든 '가능성의 목록'은 어떻게든 우리의 삶을 바꿀 것이다.

주말,
세컨드 잡을
찾는 시간

주말에 다시 짜는 인생지도

무슨 부귀영화를 누리겠다고 남들 다 쉬는 주말까지 공부하라 하느냐 반박한다면 할 말은 없다. 그런데 '공부'를 '창의적 놀이', 즉 에듀테인먼트 edutainment란 단어로 바꾸면 얘기가 달라진다. 배움이 곧 놀이이고 놀이가 곧 배움인 '교육적 오락'으로 탈바꿈하기 때문이다.

목공예가 취미라고? 먼지 풀풀 날리는 공방에서의 시간을 즐거운 -게다가 생산적인- 놀이라 여기면 주말에 쉬라고 뜯어말려도 몸을 일으킨다. 스페인어도, 요리도, 복싱도 마찬가지다.

40대에 영화평론가로 데뷔하겠다는 꿈을 가진 내 지인은 토요일 아침마다 최신개봉작을 조조로 관람한다. 남들이 겨우 몸을 일으켜 눈곱이나 간신히 떼고 있을 시간에 그녀는 머리를 포니테일로 묶고 트레이닝복을 입고 혼자 영화관으로 간다. 언뜻 실연당한 백수나 은둔형 외톨이로 취급받을 수 있지만 개의치 않는다. 주말 오전은 대개 부지런한 사람도 죄책감 없이 게으름을 만끽하는 시간이다. 텅 빈 극장에서 팝콘을 먹으며 누구의 방해도 없이 영화에 몰입하는 시간. 그녀는 삶을 즐기고 있지만 한 편으론 미래를 위해 투자하는 중이기도 하다. 집에 돌아와 관람한 영화평을 꼼꼼히 기록해도 겨우 토요일 오전이 흘렀을 뿐이다. 그녀는 벌써 몇 년째 주말 낮을 영화 공부에 활용하고 있다. 영화에 관해서라면 이미 준전문가 수준의 지식을 갖추게 되었음은 물론이다.

나는 1년에 한 권씩 꾸준히 책을 내고 있지만 한 번도 전업 작가 생활을 한 적이 없다. 회사에 다니거나, 개인 사업을 하며 책을 써왔다. 그렇다고 내가 남들보다 부지런하거나 발 빠른 것도 아니다. 오히려 게으르고 둔하다. 대신 주말 시간을 적극 활용하는 '지극히 평범하지만 특별한' 방법을 이용했다. 이에 따라 이틀 중 하루는 반드시 책을 썼다. 주말 이틀만 제대로 활용해도 1~2년이면 책 한 권이 만들어진다. 1월부터 3월까지의 주말은 자료수집기간, 나머지 주말은 원고 작성 및 수정기간으로 잡고 딱 1년 52주만 매진해보라. 친구들은 '너는 놀 거 다 놀면서 대체 언제 책 쓰는 거냐?'

신기해하지만 사실 나는 주말을 100% 활용하는 방법으로 1년에 한 권씩 책을 쓰고 있다.

황금주말이라 했던가? 그렇다. 주말은 삶의 금광을 캐기에 최적화된 시간이다. 인생의 지도를 다시 짜기에도 가장 완벽한 시간이다.

두 번째 인생설계

몇 년 전부터 개인 블로그와 페이스북 메인화면 프로필에 이렇게 적고 있다.

'읽고, 쓰고, 배우고, 즐기고, 사랑하고, 여행하며 사는 삶.'

줄리아 로버츠 주연의 〈먹고 기도하고 사랑하라〉는 영화 제목도 있지만 그건 너무 단순한 것 같고, 나름의 고심 끝에 완성한 내 삶의 모토다. 물론 '읽고, 쓰고, 배우고, 즐기고, 사랑하고, 여행까지 하며 사는 무시무시(?)하게 바쁜 삶'을 현실화하는 것은 만만한 일이 아니다. 보통 열정과 에너지를 필요로 하는 게 아니란 말씀. 시간은 말할 것도 없다. 읽고 쓰는 일만 해도 그렇다. 평일에 밥벌이하는 틈틈이 읽고 쓰는 시간을 낸다는 건 생각보다 고된 일이다. 언뜻 내 삶의 모토가 과욕의 상징처럼 비칠 수도 있다. 하지만 아무리 생각해도 '먹고 일하고 자는 삶'은 너무 싱겁게 느껴졌다. 평일 5일의 삶이 '먹고 일하고 자는 삶'이라면 주말 이틀의 삶은 '읽고, 쓰고, 배우고, 즐기고, 사랑하고, 여행하며 사는 삶'이 되기를 꿈꿨다. 말하자면 두 개의 상반된 삶을 동시다발적으로 살아가는 것이다.

인생의 혁명을 꿈꾼다 해서 갑자기 회사를 그만둘 수는 없다. 스무 살에겐 낭만이겠으나 서른 살에겐 객기일 뿐이다. 모든 혁명에는 늘 대안이 존재하지 않던가. 무조건 뒤집어엎는 것은 혁명이 아니라 폭동이다. 꿈을 위한 다른 삶을 꿈꾼다면 주말을 이용해 '두 번째 인생설계 프로젝트'를 시도해보라. 주말에는 놀이동산과 영화관, 백화점만 문을 여는 것이 아니다. 얼마나 많은 여자가 더 나은 삶을 위해 주말 시간을 분주하게 보내는지를 알고 나면 정말 뜨악할 것이다.

『주말소설가』라는 책이 있다. 부제는 '1년 52주에 완성하는 장편소설 창작프로그램'이다. 제목과 부제가 흥미로워 책을 넘겨보는데 그보다 더욱 흥미진진한 일화들이 잔뜩 소개되어 있었다.

스타인벡은 소설을 쓰기 전 과일을 따고 공사판에서 일하는 노동자였다. 레이먼드 챈들러는 공무원이었고, 월트 휘트먼과 애거서 크리스티는 간호사였으며, 여성작가 진 리스는 코러스 걸이었다. 미스터리 작가 제임스 엘로이는 골프장 캐디였고, 윌리엄 포크너는 우체국에서 일했으며, 『은하수를 여행하는 히치하이커를 위한 안내서』의 더글러스 애덤스는 카타르 왕실의 보디가드였다고 한다.

말하자면, 명작을 써내 세계적인 작가의 반열에 오른 이들도 한때는 우리와 마찬가지로 생업에 종사하며 출퇴근 전쟁을 치르던 생활인이었다는 얘기다. 이는 다시 말해 그들이 해냈다면 우리도 할 수 있다는 말이다. 소설가를 꿈꾼다면 주말 52주만 활용해도 소설 한 권을 써내려갈 수 있다. 일본 가정식 백반 전문가가 되고 싶다고? 바쁜 워킹우먼을 위해 주말에만 문을 여는 쿠킹 클래스도 많다. 은퇴 후 다큐멘터리 피디를 꿈꾼다고? 지금 당장 등록 가능한 다큐멘터리 제작과정도 여러 개다. 평일에는 온종일 컴퓨터 모니터 앞에 고개를 박고 있지만, 주말에는 요가강사로 일하며 몸과 마음의 재충전을 하고 돈까지 버는 여자도 있다.

주말 이틀을 주도면밀하게 활용하는 것, 이것이 두 번째 인생을 시작하는 첫 번째 법칙이다.

당신만의 Plan-B는 무엇인가?

대개 학교를 마치고 전공을 발판 삼아 예상했던 업무를 담당하며 사회생활에 첫발을 뗀다. 영문학과 졸업생이 발레리나가 되는 경우나 미술을 공부한 사람이 펀드매니저가 되는 경우는 극히 드물다. 인문계열이 지원 가능한 포지션이 있고, 이공계열이 지원 가능한 각자의 영역이 존재하기 때문이다. 그런데 살아봐서 알겠지만 삶이 어디 그리 단순하던가? 누군가는 수능을 죽 쒀서 개 준 덕에 아무 학교 아무 전공이나 넙죽 받아 제 길을 정했을 테고, 본인의 의지와는 아무 상관 없이 부모님의 압박으로 생뚱맞은 공부에

긴 시간을 보낸 누군가도 있을 테다. 우리에게 남은 삶은 또 얼마나 긴가? 예측 불허한 변수는 또 얼마나 많겠는가? 잘 다니던 회사가 갑자기 문을 닫게 될 수도 있고, 벼락을 맞듯 갑자기 지금 하는 일에 넌더리가 날 수도 있다. 회사에서 왕따를 당하거나 뒤늦게 천부적인 다른 재능을 발견할지, 알게 뭐람. 어쨌든 우리에게 Plan-B가 필요한 절대적인 이유다.

다시 정리하자면 하나, 하나의 전공과 직업으로 검은 머리가 파뿌리 될 때까지 사는 일은 '100세 시대'의 시행착오다. 어쩌면 고문이다. 둘, 우리는 늘 인생의 악천후에 대비해야 한다. 인생은 변덕스러운 동남아의 기후와 닮아있다. 가방 속에 언제나 우비를 준비해야 한다. 셋, 몸도 마음도 좀 더 발랄하고 풍족하게 살아갈 수 있다. 주중엔 웹디자이너로 주말엔 플로리스트로 살지 말란 법이 어디 있나? 넷, 전혀 색다른 분야에서 일하는 것, 그건 익스트림 스포츠를 능가하는 짜릿한 모험이다. 서른까지 홍보회사 직원으로 살았다면 마흔까지는 NGO 단체에서 일해보라. 이 정도 이유이면 충분하지 않을까?

푸드스타일리스트, 캘리그래피 디자이너, 에세이 작가, 시인, 요가강사, 바리스타, 일본어 강사, 코디네이터에서 영화평론가에 이르기까지. 주말을 이용한 세컨드잡은 멋대로 골라 먹는 아이스크림보다도 선택의 폭이 넓다. 짜릿하고 뭉클하지 않은가? 지금과는 전혀 다른 삶을 선택할 수 있다는 사실이.

주말을 더는 캔맥주 마시며 밀린 드라마를 10시간씩 몰아보는 시간으로만 보내지 말자. 두 번째 삶, 꿈꾸던 직업을 알차게 준비한다면 우리에게 닥칠 예상치 못한 풍파도 크게 두렵지 않을 거다.

공부데이트,
문화데이트

똑똑하게 사랑하기

연애가 걸림돌이 되는 시기는 대개 큰 맘 먹고 결단을 내린 선택의 순간인 경우가 많다. 여기서부터 연애의 딜레마가 시작된다. 유학이나 이직, 자격증 등 삶의 도약을 위한 도전을 결심할 때 연애는 예기치 못한 복병으로 자리하는 것이다. 열등감은 높고 자존감은 낮은 남자들은 여자의 성장을 탐탁지 않게 여긴다. 그들은 당신에게 순간의 달콤함을 선택하라 종용할 것이다. 어서 눈앞에 놓인 마시멜로를 먹어치우라고! 이는 당신과의 미래를 꿈꾸는 남자가 아니라는 방증이다. 당신과 함께할 미래를 그린다면 눈앞의 '마시멜로' 대신 미래의 '팬케이크'를 선택하지 않을까? 그러나 나를 위해 사는 것을 이기심과 동일시하는 여자는 사랑하는 남자를 위해 기꺼이 미래의 자신을 포기하고 만다. 아, 이런 비극이! 누구였더라, 남자는 떠나도 공부는 남는다고 주장했던 여성학자가. 이 문구를 지갑에 꽂아줄 수도 없고.

이쯤 되면 연애와 자기발전이라는 두 마리 토끼를 돌멩이 하나로 잡는 것은 불가능한 일 같다. 사랑 혹은 성공의 양자택일 앞에서 고민하는 아침드라마 속 여주인공으로 빙의되어야 할 것 같다. 그의 눈을 쳐다보며 독하고 모질게 '나는 성공을 위해 너를 끊어야 해!'라는 말은 영원히 뱉을 수 없을 것 같다. 하지만 당신이 현명하고 지혜로운 남자, 함께 성장하길 꿈꾸며 미래를 약속한 남자와 진지한 사랑을 나누는 중이라면 두 마리 토끼를 잡는 일은 충분히 가능하다. 당신을 진정으로 사랑하는 남자를 만난다면 가능하다는 얘기다. 그런 남자라면 처음부터 당신의 성장과 발전을 위한 공부를 막을 이유가 없다. 오히려 피로회복제 노릇을 자처하며 당신을 응원하고 도와줄 것이다.

똑똑하게 사랑하는 일은 거창한 무엇이 아니다. 연애의 달달함은 최대한 즐기되, 끝까지 자신을 놓지 말라는 것이다. 마약 같은 사랑의 쾌락에 온몸을 담그더라도, 깨어나면 제자리를 찾고 탄성을 유지하라는 거다. 그런 사랑의 시간을 가졌다면 이별해도 좋은 기억이 훨씬 많이 남는다. 정신 차리니 너 때문에 돈 잃고 시간 잃고 스트레스로 살만 쪘다. 헤어진 그를 향해

육두문자를 날리는 초라함도 피할 수 있다.

똑똑하게 사랑하는 것, 혹은 똑똑한 사랑을 하는 것. 그건 순전히 결심하기 나름이다. 평생 독수공방할 생각이 아니라면 어쨌거나 우리 곁에 남자의 자리는 남아있다. 그리고 남자는 필요하다. 지금이 아니라도 언젠간 인생을 나눌 남자는 삶에 끼어들게 마련이다. 그 모든 순간마다 공부도 버리고, 취미도 버리고, 꿈도 버리고, 결국은 '나'를 버린 채 살아갈 수는 없다. 그렇다면 방법은? 그와 함께 공부하면 된다. 함께 성장하면 된다.

미국 경제 전문지「포춘」지 선정 500대 기업의 CEO로 활동하는 여성 28명 중 기혼자가 무려 26명이라는 사실을 아는가? 나머지 2명은 각각 이혼한 여성과 미혼이었다. 결혼한 여성은 성공하기 힘들다는 일반적인 생각과는 달리, 세계적 성공을 거둔 여성 리더 대다수는 기혼자였다. 그녀들은 자신의 성공비결 중 1순위를 '남편의 신임과 지지'라고 밝혔다.

역사를 돌아봐도 알 수 있다. 여성의 지위가 터무니없이 낮았던 시대에도 남자와 함께 성장을 꾀한 영리한 여자들은 매우 많았다. 그들은 역사에 획을 그은 영웅호걸, 정치·경제·문화를 뒤흔든 거물과 함께하며 때로는 그들의 앞에서 이끌고, 뒤에서 밀어주며 영광과 환희의 순간을 누렸다.

『아Q정전』으로 유명한 작가 루쉰. 그의 곁에는 쉬광핑이라는 여인이 있었다. 루쉰의 제자였던 그녀는 훗날 그의 연인이었다가 그의 아내가 되었으며 또한 그의 필생의 동지이자, 영혼의 동반자였다. 그녀는 '중국의 민족혼'이라 불리는 대문호와 정치, 경제, 예술, 사회에 관한 담론을 자유롭게 나눌 정도로 박학다식했다. 루쉰의 수많은 제자 중 하나였던 평범한 여학생이 그와 함께하는 시간 동안 얼마나 영혼을 성장시켰는지는 이후 쉬광핑의 업적에서도 훤히 드러난다. 그녀와 함께한 10년간 루쉰은 질적으로나 양적으로 가장 큰 문학적 성취를 이루었다. 쉬광핑은 루쉰이 죽은 뒤 그의 전집을 출간하고 유품을 정리해 기념관을 설립하는 등 남편의 영광을 드높이는 일련의 작업들을 열정적으로 해냈다. 그의 영광이 곧 그녀의 영광이었을 테니까. 실제로 살아생전 루쉰은 업적 대부분을 그녀의 공으로 돌렸다. 그들은 함께하는 동안 수많은 편지를 왕래하며 사랑을 나누고 혁명을 함께했다. 그녀는 봉건사회에서 숨죽이며 집안일만 하는 여자가 아닌 문학적 영감을 나누고 국가와 인류의 앞날을 고민하는 루쉰의 진정한 동지였던 것이다.

'함께 배우며 성장하기'라는 화학작용

그들처럼 국가혁명을 꾀하진 못하겠지만, 그와 함께 삶의 혁명을 이루는 일은 충분히 가능하다. 먼저 그와의 데이트 패턴을 자세히 살펴보자. 주말마다 브런치·영화관·커피숍·쇼핑센터를 무한 반복하고 있지는 않은가? '무한도전'으로 시작해 '개그콘서트'로 끝나버리는 것은 아닌지? 소모적인 시간 낭비하지 말고 생산적인 데이트도 충분히 가능하다.

커피숍보다 훨씬 쾌적한 환경을 자랑하는 지역도서관에서 차도 마시고,

책도 읽으며 오전 시간을 보내고, 식사가 가능한 작은 갤러리나 공방에서 점심을 먹는다. 예술을 보는 안목이 없으면 좀 어떤가? 새로운 환경에 둘러쌓여있는 기분, 그 소소한 행복과 신선한 설렘을 느낄 수 있다면 충분하다. 쇼핑센터에서 퉁퉁 부은 다리를 마사지하며 월요일 출근을 걱정하는 것보다 훨씬 산뜻한 힐링의 기분으로 한 주를 시작할 수 있다.

　주말에만 문을 여는 문화프로그램을 활용하는 것도 알찬 방법이다. 도예공방에서 커플 컵을 만들어보거나 쿠키나 마카롱을 구우며 달콤함을 더하는 것이다. 일회성으로 끝내기보다는 한 달 이상 프로그램으로 짜인 것을 추천한다. 이번 주엔 이렇게 보냈는데 다음 주엔 당장 뭘 하지? 라는 고민을 보류해줄 뿐 아니라 둘이 함께 무언가를 완성해간다는 기분을 느낄 수 있기 때문이다. 그리고 대부분의 경우 일회성으로 배운 것은 나중에도 별 도움이 안 된다. 혼자서도 할 수 있을 정도까지는 배워두어야 유용하게 써먹을 수 있다.

　분기별로 주제를 정하고 데이트를 즐기는 것도 둘만의 색다른 추억, 즐거운 프로젝트가 될 것이다. 우리 부부의 경우 둘 다 외국 문화와 외국어 배우는 것을 좋아한다. 연애할 때 우리는 조용한 커피숍에서 각자 외국어 공부에 몰두하며 시간을 보냈다. 지금도 볕이 환한 야외테라스에 앉아 있을 때면 그때의 기억이 새록새록 떠오른다. 향긋한 커피를 마시며 마주 보고 앉아 그는 일본어를, 나는 영어를 공부하며 오전 시간을 보냈던 행복한 기억들. 결혼하고 한 공간에서 지내게 된 현재는 시간을 좀 더 밀도 있고 즐겁게 사용한다. 한 공간에서 각자 다른 일에 몰입하기. 운동광인 그는 3년에서 5년에 한 번꼴로 다양한 운동을 즐긴다. 20대 중반에는 골프를, 20대 후반에서 30대 초반에는 무에타이와 복싱을, 그리고 현재는 테니스와 볼링에 빠져 있다. 이토록 운동을 사랑하는 남자이니 평화로운 공존을 위해선 그의 취미를 존중해주어야만 한다. 그 역시 활자중독증에 걸린 나를 존중해주기 때문이다. 그가 운동할 때면 나도 같은 공간에서 다른 운동을 한다. 그가 복싱하면 나는 옆 클래스에서 요가와 필라테스를 즐기는 식이다.

내가 아는 부부는 블로그 하나를 개설해 동일 주제로 칼럼을 작성하기도 한다. 둘 다 금융권에 종사하기 때문에 관련 정보와 의견을 격주로 업데이트한다. 부부라고 서로의 생각을 꿰뚫고 있을 수는 없는 법. 각자의 생각을 글로 나누며 서로 더 깊이 이해하려는 과정이 현명하고 아름다워 보였다.

내가 좋아하는 에세이 가운데 서경식 교수의 『나의 서양음악 순례』라는 책이 있다. 저자는 음악과 무관한 법대 교수다. 냉철하고 이성적인 법대 교수가 어떻게 음악에 빠져들게 되었는지 궁금한 사람은 책을 읽어보도록 하고, 여기서 내가 소개하려는 부분은 서경식 교수 부부의 이야기다.

그는 30년간 연인 관계였던 지금의 아내와 함께 2000년부터 매년 잘츠부르크 음악제를 찾고 있다. 일본에 사는 부부는 오스트리아에서 열리는 이 세계적인 음악제를 위해 숙소를 예약하고, 공연장에서 우연히 만난 음악가들과 인연을 맺고, 공연에 대한 서로의 감상을 나눈다. 벌써 14년째 말이다. 이 일은 서경식 부부에게 있어 가장 의미 있고 성대한 연중행사다. 다른 전공과 직업과 시각을 가진 부부가 '클래식'이라는 하나의 끈에 묶여 매년 비행기를 타고 음악회를 찾는 여정은 굉장히 인상적이었다. 그에게 아내라는 여자는 음악이라는 세계를 함께 여행할 수 있는 최고의 파트너인 것이다.

지금부터 그와 함께 발전할 수 있는 생산적인 데이트를 발굴해보자. 누가 아는가? 그것으로 새로운 제2의 인생을 탈굴하게 될지. 각자의 관심분야와 미래의 꿈을 진솔하게 터놓은 뒤 적당히 양보하고 타협하여 서로 응원할 수 있는 최상의 시간으로 만들어 보자.

서른의 사랑은 무수한 밀당이 반복되는 감정소모여서는 안 된다. 서토의 성장을 적극적으로 지지하는 성숙한 사랑이어야 한다. 내면의 키가 자라도록 신뢰와 응원을 보내는 어른의 사랑. 우리, 그런 사랑을 해보면 어떨까?

목표를 쪼개면
무엇이든
이룰 수 있다

A.J. 제이콥스. 이 괴짜 실험가의 이름을 처음 접한 것은 『한 권으로 읽는 브리태니커』라는 책을 통해서다. 제목만 들으면 브리태니커의 역사나 가이드를 담은 책으로 착각하겠지만 천만의 말씀. 이 책은 총 32권, 3만 3천여 쪽에 달하는 브리태니커 백과사전 2002년 판을 처음부터 끝까지 완독한 어떤 '미친' 남자의 이야기다. 자신이 인생에서 이룬 것이라고는 결혼을 제외하고 냅킨으로 토끼나 모자를 접는 것뿐이라고 말하는 남자. 하지만 그는 그렇게 만만한 사람이 아니다. '사투'라 부를 만한 그의 실험이 삶의 곳곳에서 모습을 드러내기 때문이다. 그는 여러 차례 '자아'를 상대로 강도 높은 실험을 강행하는데 예를 들면 이렇다.

- 미친 척하고 성경 말씀대로 1년간 살아보기
- 760일간 죽기 살기로 몸 개조해서 지구 위에서 가장 건강한 사람이 되기
- 모든 것을, 심지어 아내에게 사과하는 일까지 아웃소싱으로 해결하기
- 일상의 모든 편견과 오류 몰아내기
- 떠오르는 생각을 숨기지 말기, 한마디로 획기적으로 정직하게 살아보기
- 아내가 하는 요구를 군말 없이 전부 들어주기 혹은 한 달간 아내로 살아보기

이 기발한 남자의 실험은 이외에도 다양하지만 이쯤 소개하기로 한다. 내가 관심을 가진 것은 그의 획기적인 실험정신과 끝내 완성하고야 마는 의지력이었다. 프로젝트를 가지고 삶에서 필요한 것들을 완성해가기. 이는 우리의 공부에도 그대로 적용 가능할 것 같다.

끝까지 완성하는 힘

지금껏 계획해온 수많은 공부미션들 -이를테면 영어, 일본어, 회계, 독서, 피아노, 우쿨렐레 등-이 실패하고만 이유는 무엇일까? 분명히 이 모든 것들을 시작했거나 적어도 시작하려는 최소한의 움직임은 있었을 것이다. 인터넷에서 관련 정보를 검색하고 집 앞 영어 학원 아침반 수업을 석 달쯤 수강했을 수도 있다. 그럼에도 연초마다 같은 공부계획을 반복하는 까닭은 과연

무엇일까? 바로 '마무리의 미흡'과 '목표의 거대함' 때문이다.

마무리의 미흡은 작심삼일과는 좀 다른 얘기다. 시작했다 얼마 안 가 포기하는 개념이 아니라 처음부터 완성도를 낮게 잡았거나 제대로 배우지 않은 거다. 그리고 볼일 보고 뒤를 안 닦듯 마무리 매듭을 짓지 않고 다른 공부를 시작하는 식이다. 사실 공부를 하다 보면 간혹 이상한 현상을 발견하는데, 자신을 업그레이드하기 위해 시작한 공부가 어느 순간 자신을 기만하고 있는 것이 바로 그것이다. 지금 내가 설렁설렁하는 중이라는 사실은 누구보다 내가 가장 잘 안다. 그럼에도 책상에 앉아 있는 시간이 길다는 이유로 열심히 공부했다고 자위하거나 할당량을 끝냈다고 자기 합리화하는 것이다. 자신을 속이는 공부를 하려거든 그 시간에 미드를 몰아보는 편이 낫다. 이런 식의 공부는 1년을 유지해도 실력을 키우기 힘들다. 그렇게 어느 순간 목표한 '실력'이 아닌 목표한 시간과 공부량을 다 채우고 그걸로 완성이라고 여기는 것이다. 그리고 여전히 제자리걸음인 실력을 보며 그 분야는 나랑 맞지 않거나 소질이 없다고 판단해 버린다. 이는 공부에 실패하는 사람들의 전형적인 특징이다.

'목표의 거대함'은 예로 들자면 이렇다. 10년 뒤 목표를 '영어 잘하기'나 '부자 되기'로 설정하는 것이다. 이 목표는 여러모로 오류다. 먼저, 목표가 너무 추상적이다. 마치 어릴 적 꿈인 '공주님이 되어 왕자님과 결혼하기'처럼 말이다. 또한, 그 목표에 닿기 위한 구체적인 지도가 없다. 즉 내비게이션 없이 낯선 나라에서 유적지를 찾아가는 것과 비슷하다. '언젠간' 닿을지 모르겠지만, 너무 먼 길을 돌다 지쳐 포기할 가능성이 높다.

다시 A.J.제이콥스의 이야기로 돌아가보자. 그는 거창한 목표를 세우고 매번 완벽히 실행에 옮긴다. 그는 자신의 삶과 목표의 탁월한 운영자다. 그는 시종일관 유머러스함을 유지하지만, 사실은 치밀하고 논리적인 전략가다. 그렇지 않고서야 프로젝트를 세우고 그것을 완성한 뒤 그 비법을 만천하에 공개할 수 있겠는가?

뜬구름 잡는 꿈을 생생한 컬러 프린트로 출력하는 법

A.J.제이콥스의 스토리를 통해 우리가 배울 수 있는 점은 크게 세 가지다.

- **삶을 뒤바꿀 '기적의 혁신 프로젝트'를 계획하라.**

도피성 결혼이나 로또 말고, 진짜 우리 삶에 기적을 가져다줄 프로젝트를 계획하고 개발하라. 매년 혹은 3년에 하나씩 주제를 가지고 계획성 있는 시간을 보낸다는 것은 얼마나 즐거운 일인가? 그건 도전해본 사람만이 알 수 있는 '신종 마약'이다. 여기서 말하는 '프로젝트'에는 추상적인 공부도 포함된다. 예를 들어 내 삶을 바꿔줄 거라 기대되는 인물 100명의 목록을 추린 다음 3년간 그들과 인터뷰를 진행해보는 것, 소심함을 극복하기 위해 일주일에 한 가지씩 처음 해보는 일에 도전해보는 것, 6개월간 출근 1시간 전에 사무실에 도착해 독서삼매경에 빠져 보는 것 등등.

물론 구체적인 공부도 포함된다. 방송통신대학교에 편입해 유아교육학을 공부하는 것, 한겨레문화센터의 시나리오 작법 수업을 듣는 것, 해리포터 전권을 처음부터 끝까지 번역해보는 것 등등.

나는 전형적인 모범생 스타일은 절대 아니지만 이와 비슷한 방법으로 그때그때 필요한 공부들을 진행해왔다. 20대 중반 내 삶의 '기적의 혁신 프로젝트'는 책 쓰기였다. 이에 따라 매일 읽고 쓰는 훈련을 3년 정도 집중적으로 했다. 20대 후반에는 번역에 관심을 두고 있었다. 삼성전자에서 외국어 에디터로 일하며 부족함을 절감한 이유가 컸다. 당시 회사에 다니며 한국문학번역원에 입학하여 나라에서 학비를 지원받고 최고의 교수진에게 1년간 번역수업을 들었다. 30대에 접어들며 심리상담 분야에 관심이 쏟아졌다. 책을 쓰는 사람이니 이왕이면 독서치유 분야가 더 적합할 듯했다. 올해 초 3개월간 온라인에서 수업을 들으며 시험을 치러 독서심리상담사 자격증을 취득했다. 앞으로 2~3년간 아동 심리상담사 자격증, 미술치료자격증, 노인 심리상담사 자격증 등 심리학 비전공자도 취득 가능한 다양한 자격증에 차례로 도전해볼 계획이다.

● **계획한 일은 천지개벽해도 완성해낸다.**

'당근과 채찍'은 직장 상사만의 전유물이 아니다. 나 자신도 스스로에게 '당근과 채찍 요법'을 쓸 수 있다. 적절한 보상은 자극과 활력이 된다. 예를 들어 하루에 암기해야 할 영어단어가 20개라면 한 달간 빠짐없이 달성했을 때 '천송이 립스틱'을 자신에게 선물한다거나, 6개월간 해냈다면 좀 더 큰 보상을, 애초 목표에 완벽히 닿았다면 '여행 상품권 쏘기' 같은 핫한 경품을 내거는 거다. 유치하다고? 여자이니까 할 수 있는 깜찍한 발상이라고 허두자. 반대로 달성하지 못했을 땐 벌을 준다. 온라인 수업을 하루 빼먹었다면 저녁 식사를 굶거나 생식만 먹는 것이다. 오늘 암기해야 할 분량을 안 했다면 다음 날 세 배로 암기한다. 애인이나 친구에게 선전포고를 해두는 것도 괜찮다. 한 달간 10번 이상 어겼다면 친구가 갖고 싶어 하는 선물 사주기, 애인 말에 3일간 복종하기.

중요한 건 천지가 개벽하는 일이 발생해도 계획한 일은 끝까지 완성하는 의지다. 성공의 루트는 한 번 찾아가보면 다음엔 더 쉽게 다다를 수 있다. 성공의 지름길은 일단 성공해보는 것이다. 그래야 알 수 있다.

- 목표에 닿는 길을 아주 구체적으로 계획한다.

언젠가 친구 한 명이 '성경 읽기'라는 목표를 세웠다고 고백했다. 몇 페이지인지도 모를 방대한 분량의 성경을 통독한다니 너무 막연하다는 느낌을 받았다. 그런데 뒤따른 그녀의 말을 들으며, '아, 얘는 반드시 해내겠구나!'라는 확신을 했다. 친구의 계획에는 빈틈이 없었던 것이다. 친구는 구약과 신약으로 이루어진 성경의 총 장수를 헤아린 뒤 2년이라는 기한을 정해두고 한 달에 읽어야 하는 분량을 계산했다. 한 달을 계산하자 일주일 분량이 나왔고 일주일을 계산하자 하루에 읽어야 하는 분량이 산출됐다. 성경통독이라는 산은 거대하지만, 하루 분량은 충분히 달성 가능한 목표였다. 부담 없는 작은 목표를 2년간 지속하면 거대한 목표에 닿게 되는 것이다. 그녀의 조언을 그대로 따라 나도 성경 읽기에 도전했고 2년을 조금 넘겨 성경을 완독했다.

목표는 쪼개고 쪼개져야 한다. 더는 쪼개질 수 없는 원자단위까지 쪼개져야 한다. 그러면 아무리 거대한 목표도 실현 가능한 구체적인 꿈이 된다.

'그리스·로마신화의 달인 되기'라는 목표는 안개처럼 모호하지만, 세분화 작업을 통해 얼마든지 내 것이 되게 할 수 있다. 먼저 그리스·로마신화와 관련한 훌륭한 교재를 선택한다. 읽어야 할 책이 5권이라면 어디 가서 명함 좀 내밀려면 최소 5번 읽는 것을 목표로 한다. 300페이지 5권, 총 1,500페이지를 5번, 즉 7,500페이지를 읽어야만 하는 것이다. 밥 먹고 화장할 시간도 부족한데 언제 7,500쪽을 읽느냐고? 1년을 목표로 한다면 하루에 20페이지만 읽으면 7,500페이지를 읽을 수 있다. 하루 20페이지는 자투리 시간을 활용하면 얼마든지 가능한 분량이다. 이렇듯 거대한 목표를 쪼개 하루 할당량을 산출하고 하루 중 남는 시간에 숙제하듯 그만큼만 해내면 된다.

세밀화와 정교화 과정을 통해서라면 일일 계획수립부터 은퇴 후 인생 설계까지 모든 것이 가능하다. 월요일 업무에서부터 10년 후 목표까지 얼마든지 실현할 수 있다.

꿈을
이루어주는
도구들

집에서는 절대 공부가 안된다는 사람이 있다. 젖먹이를 둘쯤 데리고 살거나 한 방에 서너 명이 기거하지 않는 한, 대놓고 공부를 방해할 가족은 없다. 그래도 집은 곧 자는 곳이란 공식이 머리에 성립됐다면 집에만 들어가면 졸린 건 어쩔 수 없는 일. 이럴 땐 과감히 공부방을 옮기길 권한다. 책을 싸 짊어지고 이사를 하라는 게 아니라 집 앞 커피숍이나 도서관, 독서실 등을 임시거처로 삼아보라는 거다. 꿈을 위한 작업실을 갖는 것은 그만한 가치가 충분한 일이다.

 일주일에 두 번씩, 예를 들어 월요일 수요일 퇴근 후 저녁 먹고 커피숍에서 2시간씩 공부한다고 치자. 커피값 5,000원이 공중분해 되겠지만 2시간 공부를 위해서 그 정도는 전혀 아깝지 않다. 기회비용을 따져 봐도 이건 분명 남는 장사다. 퇴근 후 투잡을 뛰며 알바를 하면 푼돈은 좀 벌겠지만 3년, 5년 후에도 지금 몸값을 고스란히 유지해야 함을 가정한다면 말이다.

도서관은 공짜시설이지만 커리어우먼에겐 그림의 떡이 될 수도 있다. 대부분의 공공도서관은 오후 7시면 문을 닫기 때문이다. 도서관은 주말을 위한 '세컨드 작업실' 정도로 남겨두면 좋겠다. 요즘은 조용하고 쾌적한 스터디룸, 스터디카페가 정말 많다. 어떤 곳은 커피나 음료, 간단한 간식거리에서 인터넷, 팩스까지 무료로 제공된다. 시간당 저렴한 요금을 내면 누구의 방해도 없는 나만의 공간을 꿈 충전소로 삼을 수 있다.

미술을 하려 해도 도구가 필요하다. 음악도, 운동도, 심지어 제기차기나 줄넘기 같은 단순한 놀이도 도구가 필요하다. 그렇다면 꿈을 위한 도구에는 무엇이 있을까? 공부를 도와주고 나아가 꿈의 성취를 앞당겨주는 도구. 앞서 말한 꿈 작업실 외에도 우리 여자들의 공부를 도와줄 기막힌 도구들을 함께 찾아 나서볼까?

매일 작성하는 공부일지

먼저 가계부처럼 나의 공부현황을 일목요연하게 볼 수 있는 공부일지를 작성하는 방법이 있다. 손으로 일일이 쓰는 공부일지가 불편하거나 시간 낭비라 여겨진다면 블로그나 개인 홈페이지, 애플리케이션 등에 기록해도 좋다. 요즘엔 '목표달성 위젯' 같은 블로그용 공부일지나 매일의 공부와 시간을 함께 점검할 수 있는 '꿈꾸는 고양이', '목표달성 디데이' 같은 유용한 애플리케이션도 정말 많다.

공부일지를 작성하면 좋은 점은 바로 자신을 돌아보게 된다는 거다. 가계부를 쓰는 이유가 수입과 지출을 일목요연하게 정리하여 자신의 재두상황을 분석하는 것처럼 말이다. 공부일지를 통해서 우리는 내 안의 잠재력과 의지, 열정, 노력의 퍼센트를 발견하고 끌어 올릴 수 있다. 행동방향을 구체적으로 계획해서 꿈에 성큼 다가서는 왕도가 될 수도 있다. 내가 얼마나 열심히 살아가고 있는지, 내 서른이 얼마나 빛나는 투지의 날들인지를 확인할 수 있는 것도 성과라면 큰 성과다. 쉰 살이 되어 고등학생 딸을 앉혀놓고 공부일지를 보여준 뒤 잔소리를 마구 퍼부어도, 적어도 할 말은 있지 않은가? 예순이 되어 갱년기를 겪으며 몸과 마음의 먹먹함이 밀려올 때 그래도 완전히 헛산 건 아니라는 작은 위안이 될 수 있지 않을까?

공부일지는 간단하게 매일의 실천 여부만 체크해도 좋지만, 일주일에 한 번쯤은 자신의 한 주를 분석 ⋯▸ 정리요약 ⋯▸ 반성 혹은 격려해보는 과정도 좋다.

지방방송국 프리랜서 아나운서로 일하고 있는 29세 L의 공부일지를 들여다보자.

2014년 5월 둘째 주(5/5~5/11)
실제 공부한 시간 : 목, 금 이틀간 총 3시간
학습 과목 : 토익 스피킹과 인문학 기본 다지기(인문독서)

* 이번 주는 월요일 어린이날, 화요일 석가탄신일에 이은 황금연휴라 친구들과 전라남도 여수로 여행을 다녀오느라 공부에 손을 놨다. 반성.

* 마음이 들뜨면 공부가 잘 안 된다. 그렇지만 한 번 책상에 앉으면 쉽게 발동이 걸린다. 나는 일단 책을 펴고 시작하는 게 중요하다.

* 영어는 목표량에 턱없이 못 미쳤지만, 독서는 지난 일요일에 산 앨리스 먼로의 『행복한 그림자의 춤』을 다 읽었다. 소설을 읽는다는 행위 자체에 처음으로 짜릿함을 느꼈다. 브라보!

* 회사업무를 위해 틈틈이 골프용어를 익히고 있다. 다음 달부터 골프 채널에서 리포터로 일하게 된다. 새로운 일이 늘어난 만큼 공부할 시간은 더 줄어들겠지. 그래도 '영어전문 MC 겸 리포터'라는 최종 목표를 위해 반드시 필요한 경력이다. 정말 많은 것들을 배우게 될 것 같다. 설렘.

5월 셋째 주
목표 : 주5일 하루 1시간씩 매일 공부하기
미드 자막 없이 3편 보기
책 읽고 블로그에 서평 기록하기

엑셀파일로 좀 더 체계적인 공부일지를 작성할 수도 있다. 다음은 30세 미술관 도슨트(미술관에서 관람객들에게 미술작품을 설명하는 안내인. 흔히 미술관의 스토리텔러라고 불린다)로 일하고 있는 H의 공부일지다.

	목표	투자시간-마감	공부전략	학습진행 현황
사회적 성공	1. 리더십 증진	100시간 채우기 2014년 12월 31일	1. 리더십 관련 서적 30권 읽기 2. 온라인 영화커뮤니티 부매니저 활동하기 3. 재능기부형태로 '미술 도슨트 세계 입문' 강연하기 4. 고전영호·스터디 그룹 결성하여 리더 맡기	1. 현재까지 총 11권 독서 2. 2014년 4월 1일부터 부매니저로 활동 중 3. 현재 계획 중 4. 스터디 멤버 3명 모음, 2명 더 채운 뒤 진행예정.
	2. 미술 관련 에세이 출간	200시간 2015년 5월 7일 나를 위한 최고의 선물	1. 미술 관련 서적 50권 읽기 2. 일주일에 원고지 50장 쓰기 3. 부족한 정보 및 지식은 논문, 단행본으로 일주일에 3시간 이상 공부하기 4. 기존 미술에세이 분석하고 나만의 컨셉 명확히 하기	1. 현재까지 총 10권 독서 2. 원고기획서 최종 완성 3. 아직 시작하지 못하고 있음. 다음 주부터 진행 예정 4. 독서와 인터넷 검색 등으로 기존 도서 분석 중.

공부일지, 시간관리 매뉴얼, 비전 및 꿈 기록장 등은 자신에게 가장 편한 방법을 찾아 진행하면 된다. 남에게 보일 것이 아니니 나만 알아볼 수 있는

스타일로 작성하면 그만이다. 관건은 그것의 형태가 아니라 지속성이다. 딱 1년만 굳은 결심으로 공부일지를 써내려 가보자. 자신에게 매일 연애편지를 쓴다는 심정으로. 이건 정말 최고의 연애가 될 게 확실하다니까.

공부커뮤니티 활용하기

여성학자인 현경 교수는 여자들이 멋지게 살려면 다음과 같은 것들이 갖춰져야 한다고 말한다.

　독립성, 자신감, 실력, 그리고 영성.

그녀는 덧붙여 진짜 멋있는 여자는 혼자 멋있는 여자가 아니라 함께 멋있는 여자라고 얘기한다. 자기가 발견한 멋을 남과 같이 나눌 수 있는 사람. 멋과 아름다움은 나눌수록 빛이 난다는 이론이다.

　세상엔 혼자 해야만 하는 공부가 있지만, 함께 하면 시너지효과를 낼 수 있는 공부도 있다. 스터디그룹을 결성하거나 참여해본 사람은 알겠지만, 공부커뮤니티는 의외로 힘이 세다. 현경 교수가 말한 '나눌 수 있는 무언가'가 있기에 더 빛을 발한다.

　외국어는 입을 떼어봐야 진짜 실력이 쌓인다. 혼자 벽보고 중얼거리면 모양새도 흉하다. 비슷한 레벨의 사람들과 스터디 그룹을 만들어 그룹원의 형편과 처지에 맞게 수업시간을 안배한 뒤 함께 공부하면 금상첨화다. 주말

이틀 아침을 활용하면 더욱 효과적이다. 평일 퇴근 후 스터디는 변수가 많다. 갑작스러운 야근이나 회식자리와 겹칠 수도 있고 가뜩이나 온종일 회사에서 시달렸는데 빽빽한 지옥철에서 몸이 만신창이가 될 수도 있다. 주말이라면 반드시 아침 시간에 공부할 것을 권한다. 약간 부지런을 떨면 주말 이틀 시간이 그대로 보장되기 때문이다. 결혼식, 돌잔치 등 주말에 밀집(?)되어 있는 약속에도 펑크 없이 참석할 수 있다.

내 지인 중 한 명은 벌써 2년째 도서마케팅 스터디에 참석 중이다. 출판편집인으로 일하고 있으니 직업과 관련 깊은 실용적인 공부다. 가끔 단나 그녀의 스터디에 관해 전해 듣는데, 저렇게 죽이 착착 맞는 구성원들과 저렇게 오랜 기간 깊이 있게 공부할 수 있다니 부러움이 앞선다. 그 2년간 그녀는 '환상의 멤버들'과 얼마나 알차고 신나게 공부했겠는가! 나도 스터디에 참석해봐서 알지만, 구성원과의 호흡이 정말 중요하다. 짜증 나는 사람이 하나 끼어있으면 공부고 뭐고 오히려 회사생활의 연장처럼 느껴지며 스트레스만 받는다. 나는 열심히 해보려고 노력하는데 옆 사람은 밥 먹듯 빠지면 의욕은 급 하강로를 걷는다. 레벨이 심하게 차이가 나도 오래 함께하기 힘들다. 어쨌든 실력, 열정, 목표 삼박자가 맞아떨어지면 그 스터디는 오래갈 확률이 높다.

책이 천 권쯤 담긴 서재를 갖는 것은 스무 살 때부터 내 위시리스트였다. 중고서점에서 공수해온 옛 서적들과 내가 좋아하는 작가들의 전집들, 고 출판사의 세계문학 전집 200권을 꽂아두고 아침마다 서재에서 하루를 맞이하고 싶었다. 그러면 안 써지던 글도 술술 풀릴 것만 같았다.

결과적으로 나는 시내가 한눈에 내다보이는 아담하고 환한 서재를 갖게 되었다. 컴퓨터 두 대가 나란히 놓이는 넓은 책상과 예쁜 원목 책장도 말이다. 공부도구들, 꿈의 도구들을 상상하는 연습을 자주 해보자. 상상이 현실이 되려면 많은 노력이 뒤따라야 하겠지만 상상하지 않는 것이 현실이 되는 경우는 0%다. 매일 조금씩 그것에 닿는 상상을 해보는 거다.

마흔에는 온종일 음악을 듣고 작곡할 수 있는 다락방 작업실을 가질 거야. 연예인 드레스룸까지는 못 되더라도 좋아하는 원피스 200벌을 장만해 걸어둘 수 있는 방을 꾸며야지. 데카르트와 한비자, 괴테와 칼 융이 뒤죽박죽 500권쯤 꽂혀있는 '고전독서실'을 만들어야지.

현실은 상상을 닮아간다. 그건 나이를 먹을수록 깊이 사랑하는 사람의 미소를 닮아가는 것과 비슷하다. 행복한 상상으로 내일을 조각하는 것은 두 개의 심장으로 두 배 더 설렘을 간직하며 사는 일과 같다.

3년만 미쳐라!

꿈이 이루어지는 최소한의 시간

미국 존스 홉킨스 의과대학 소아정신과에는 앳된 얼굴의 동양인 의사가 근무하고 있다. 이제 겨우 30대 후반인 그녀는 교수 직함을 달고 이곳에서 일하는 중이다. 알다시피 미국 볼티모어에 있는 존스 홉킨스는 미국 최대의 병원이자, 유에스 뉴스US News가 선정한 미국 병원 랭킹 1위를 달리는 곳이다. 미국인들도 '죽어라' 공부해야 들어갈까 말까 한 세계 톱클래스 의과대학이다. 그런데 이곳에 30대 한국인 여의사라니. 뉴스 피플란에서 우연히 그녀의 기사를 접했을 때 직목만 보고는 미국에서 나고 자란 교포 2세가 분명할 거라고 여겼다. 그런데 웬걸?! 그녀는 대구가톨릭대 의과대학 94학번. 2000년에 한국에서 의과대학을 졸업하고 미국행을 결심한 '간 큰 아가씨'였다. 말하자면 20대 중반의 나이에 새로운 도전을 시작했다는 얘기다. 기사를 여기까지 읽는데 정신이 말똥말똥해졌다. 그녀의 스토리에 심장이 두근대기 시작했다.

유학 전 그녀는 미국 의사국가고시 5단계를 1년 안에 딴다는 당찬 계획을 세웠다. 1년 안에 실전 영어를 익히고 면허시험과 실습시험을 다 마친다는 것은 거의 불가능에 가까웠다. 그러나 2002년 그녀는 1차 시험을 상위 4%, 2차 시험을 상위 3% 안에 드는 성적으로 통과했다. 미국 의대를 졸업한 학생들과의 경쟁에서 상위 3%의 성적으로 당당히 통과한 것이다. 말그대로 악바리처럼 공부에만 미쳐있던 날들이었다. 그녀는 오전 7시만 되면 어김없이 일어나 그 추운 보스턴의 눈보라를 가르며 30분 정도 찰스 강변을 달렸다. 아침밥을 먹고는 부리나케 도서관으로 뛰어가 오후 10시까지 오로지 공부만 했다. 억지로 시키는 사람도 없고 코앞에 시험이 있는 것도 아니었지만, 미국인들과 경쟁에서 당당히 우뚝 서고자 끊임없이 공부만 했다. 그리고 결과는? 처음 계획한 대로 1년 만에 미국 의사국가고시 전 과정에 합격했고, 미국 정신과 전문의 시험 전 과정에도 합격했다. 인터뷰할 때마다 살이 1kg씩 빠질 만큼 스트레스와 신경쇠약에 시달렸으나 현재는 존

스 홉킨스 소아정신과에서 교수로 근무 중이다.[1]

또 다른 아가씨의 인생 반전 스토리에 귀 기울여보자. 그녀는 한국에서 대학을 졸업하고 '방황'의 시기를 겪고 있었다. 정확한 목표 없이 우왕좌왕 시간을 보내는 중이었다. 그러던 어느 날 교수로부터 '중국시장의 비전'에 대해 전해 듣고 다짜고짜 중국 베이징으로 날아갔다. 그곳에서 평소 관심 있던 공인회계사 시험을 준비해야겠다 마음먹은 것이다. 이런 '깡'은 대체 어디서 나오는 건지. 인생을 뒤집는 여자들은 하나같이 '모 아니면 도'에 전부를 거는 모험의 시간을 지나는 듯하다. 회계 과목은커녕 중극어도 전혀 몰랐던 그녀는 중국어 초급 회화 과정부터 시작한다. CICPA(중국 공인회계사)라는 거대 산을 넘는데 그 나라 언어부터 시작한다는 건 말 그대로 바닥부터 기어오른다는 얘기다.

성격 급한 그녀는 중국어를 마스터하고 회계공부를 하느니 아예 한꺼번에 해야겠다고 마음먹었다. 베이징에 유학 온 한국학생들 수학과외비를 모아 회계전문학원에 수강신청을 한 후 무슨 말인지도 모를 중국어 회계수업을 매일 9시간씩 듣기 시작했다. 집에 돌아오면 녹음한 수업내용을 듣고 또 듣고, 그러기를 6개월. 어느 정도 중국어 귀가 뚫리자 중국공인회계사 시험에 응시했고, 5과목 중 2과목을 처음으로 합격했다. 공부에 속도가 붙은 것이다. 얼마 후 나머지 과목 전부에 합격통지서를 받았다. 그렇게 그녀는 한

---

[1] '美(미) 존스홉킨스 의과대 소아정신과 지나영 교수' 김중기 기자 〈매일신문〉 2009년 2월 20일자 기사 참조

국인 최초로 중국공인회계사 자격증을 취득하게 되었고, 글로벌 빅4 회계법인인 PwC에 들어가 원하던 꿈을 이루었다.[2]

이들의 공통점은 3년쯤 '미친 시간'을 보냈다는 점이다. 더도 말고 덜도 말고 딱 3년이다. 3년은 꿈을 위한 최소한의 시간, 그러나 인생을 뒤집기에는 충분한 시간이다. 새로운 직업에 몸담거나 악착같이 종잣돈을 모으거나, 삶의 터전을 옮겨 낯선 땅에서 다른 모습으로 살아가거나 하다못해 내가 진정 원하는 것과 잘하는 것이 무엇인지 죽어라 파헤쳐 결론을 내리기에도 넉넉한 시간이다. 단 한 번이라도 인생에서 '미쳐있던 3년'을 보낸 적이 없다면, 아직 늦지 않았으니 서른부터 그런 시간을 시작해볼 것을 권하고 또 권한다.

사소함을 정복하는 공부법

피터 드러커와 함께 현대 경영의 창시자라 불리는 경영구루 톰 피터스Tom Peters. 그의 저서 『리틀빅씽』의 핵심 메시지는 '사소함이 결국 위대한 차이를 만든다'는 것이다. 본인이 성공한 기업가이자 교수, 컨설턴트인 톰 피터스는 그간 세계 비즈니스 시장을 리드하는 기업들과 일하며 성공한 기업

---

[2] '한국인 최초 CICPA(중국공인회계사) 양해숙 회계사' 〈상하이저널〉 2013년 5월 28일자 기사 참조

의 공통점을 발견했다. 그것이 바로 앞서 말한 '사소함이 이끄는 위대한 성공'이다. 이를테면 감사함의 표현, 사무실 책상 정리정돈, 리더의 경청 여부, 회의 시간 및 빈도수, 미소 등 아주 미묘한 차이가 기업의 성공 여부를 가르고 있었다. 톰 피터스는 덧붙여 인생도 공부도 마찬가지라고 말한다. 작은 합집합이 거대한 힘의 결집체가 된다고 강조한다. 슈퍼 파워를 가진 인물, 기업, 나라 등은 모두 사소한 것들이 한데 모여 강렬한 힘으로 탄생한 예다. 개개인의 인생에서도 작은 습관들이 3년, 5년 후에는 큰 격차로 나타난다. 메모습관, 전화예절, 출근 시간 등 어떻게 보면 보잘것없는 사소함이 아주 다른 결과를 이끌어낸다. 그래서 그는 우리 모두 '사소함의 최고 경영자'가 되어야 한다고 결론짓는다.

사소함을 공부에 적용해도 똑같다. 지금의 사소한 공부습관이 3년 후 경쟁자 그녀와 나의 인생을 바꿀 것이다. 그러니 앞으로 3년간의 공부를 '사소함을 정복하는 공부'라고 정해보면 어떨까? '사소함을 정복하는 공부'는 이렇다.

- **아무리 창피해도 무조건 기초는 튼튼하게 다진다.**

해마다 같은 공부를 반복하는 '만년 제자리걸음 공부벌레'들의 특징은 기초를 무시해 결국 기초만 반복한다는 거다.

- **모르는 것은 모른다고 고백한다.**

이러한 용기는 두 가지 면에서 인생을 바꾼다. 하나, 모르는 것을 알게 해준다. 둘, 어떤 의견이든 소신껏 말하는 자유로움을 선물한다.

- **아주 작은 것부터 실천한다.**

하루 단어 5개 암기, 생소한 경제용어 3개 배우기 등 내가 처한 상황에서 성공을 위해 실행해야 할 가장 작은 일을 고민한다. 그리고 무조건 실행한다.

- **결과도 중요하지만 공부 프로세스를 배운다.**

작은 목표든 커다란 프로젝트든 뭔가를 완성했을 때 얻게 되는 것이 있다. 바로 프로세스를 배우는 것이다. 한 번 가본 길을 더듬거리면서 다시 갈 수 있다. 두 번 간다면 좀 더 수월하게, 다섯 번쯤 가보면 누구나 그곳에 이르는 길을 안다.

- **필기구, 노트, 책상, 의자까지 필요하다면 더 나은 환경을 구축하는 데 돈을 쓴다.**

사소해 보이는 도구이지만 공부에 커다란 영향을 미친다. 공부를 위한 투자는 충분히 가치 있는 투자다. 필요하다면 책상 위에 화분도 놓고, 스탠드도 바꿔라.

- **노트 필기법, 속독법, 요약정리법 등 공부기술을 배워라.**

잠깐의 노력으로 두고두고 요긴하게 써먹을 수 있는 기술이 있다면 반드시 배워야 한다. 그 잠깐의 시간과 에너지를 아까워하지 말고 좀 더 효율적인 공부기술을 배우도록 한다. 계속 업그레이드하도록 한다.

3년은 '대충' 공부하려 덤벼들면 실패할 수 있는 시간이다. 전략적이고 치밀한 계획을 갖고 시작해야 한다. 공부철학을 확립하고, 공부목표를 구축하고, 공부기술을 익히고, 공부비전을 매일 되뇌어야 한다.

꽃은 꺾여도 꽃이다

희망이란 참 희한한 녀석이다. 하루에도 열두 번 다가왔다 멀어지기를 반복하기 때문이다. 서른에 새로움에 도전할 때 우리의 마음이 꼭 그러하다.
  '나는 할 수 있어. 서른은 늦은 나이가 아니라고!'
  오전 내 희망에 부풀어 있다가도 감성이 지배하는 검은 저녁 장막이 드리우면 이런 생각이 방문한다.
  '오버하지 말고 지금 하는 일이나 잘하면서 적당히 살자. 이 나이에, 이 상황에 뭘 새로 시작해?'
  누구나 이런 경험에 당황스러운 적이 있을 것이다. 뭐든지 할 수 있을 것 같은 희망에 가슴이 터질 것 같다가도, 작은 좌절과 실패에 세상에서 가장 극단적인 비관주의자로 변신하는 자신을 발견하는 것 말이다.

누군가 그랬다. 희망을 품는 것은 커다란 용기를 갖는 자만이 취할 수 있는 일이라고. 길거리에서 헌팅을 해도 이토록 처참하게 거절당하지는 않을 것 같다. 희망에 말 거는 일은 이 세상에서 가장 콧대 높은 남자에게 민낯으로 다가가 데이트 신청을 하는 것보다 더 큰 용기가 있어야 하는 일이다.

그런데 '두려움'을 한 꺼풀 한 꺼풀씩 벗겨 그 중심에 이르면 두려움의 실체가 확연히 드러난다. 인정하기 싫지만 그것은 바로 '손해 보지 않으려는 마음'이다.

6년간 대기업 마케팅 부서에서 일하는 30대 여자 G. 그녀는 요리사라는 새로운 꿈에 도전하고 싶다. 그런데 매달 통장에 찍히는 월급이 2년째 그 꿈을 발목 잡고 있다. 일을 그만두고 요리공부를 위해 유학을 떠나려면 지금 손에 쥔 것 대부분을 포기하고 떠나야 한다. 그녀의 문제는 무엇일까? 요리사도 되고 싶고, 남들이 부러워하는 직장 울타리에도 소속되고 싶고, 가방과 구두 할부금을 낼 월급도 매달 꼬박꼬박 받고 싶은 마음. 즉 눈앞에 다이아몬드를 주우려면 당장 양손에 든 황금을 버려야 하는데 전부 갖고 싶은 마음에 이러지도 저러지도 못하는 것이 문제다.

놀라운 건 정말 많은 여자가 G와 같은 상황에 자신을 밀어 넣고 스트레스를 받으며 살고 있다는 거다. 결론부터 말하자면, 하나를 가지려면 반드시 하나를 포기해야만 한다.

"그런데 제가 갈 길이 비전이 있을까요? 새롭게 시작하는 일이 지금보다 훨씬 나은 삶을 보장할까요?"

그거야 부모님도 스승님도 심지어 대통령도 모르는 일이다. 본인의 삶이니 본인이 심사숙고 후 결정해야 한다. 그러다 쫄딱 망했다 해도 결과에 책임을 져야 하는 것이 어른의 자세이고 성숙한 삶이다. 자신이 가고 싶은 길의 매 스텝을 다른 사람에게 일일이 물어보고, 조금만 뜻대로 안 돼도 소주를 병째 원샷한 사람처럼 쓰디쓴 표정으로 사는 것은 자기 인생에 자기가 딴지를 거는 행동이다.

공부하다가도 숱한 좌절에 세상만사가 고단해지는 상황이 발생할 거다. 생각보다 훨씬 멍청해져서 단어 10개를 외우는 데 2시간이 걸리는 일이 생길 수도 있고, 준비하던 자격증을 나라에서 갑자기 폐지하는 황당무계한 일도 생길 수 있다. 자꾸 그렇게 공부만 할 거면 헤어지자는 남자친구의 폭탄이 날아올 수도 있고, 몸이 아파서 공부는커녕 회사도 그만두고 쉬어야 할 수도 있다. 세상에 절대로 안전한 길은 없다. 6년간 열심히 회사 생활해 모은 전 재산을 들고 유학을 갔다 돌아왔는데 아무도 찾아주는 사람이 없을 수도 있다. 핵심은, 어려움은 언제든 닥칠 수 있음을 받아들이고, 하나를 얻기 위해 하나를 내려놓는 것 역시 당연하게 여겨야 한다는 것이다.

에픽테토스라는 철학자는 말했다. 인생이 뜻대로 되지 않을 때마다 이렇게 생각하라고. 트레이너인 하나님이 레슬링 선수인 당신을, 지금 몹시 어려운 상대와 맞붙여 싸우도록 하는 중이라고. 뭣 때문에? 당신을 최후의 승자로 만들기 위해서. 그래서 살아가는 내내 위기를 지혜롭게 극복하고 어려움을 이롭게 사용하도록 하기 위해서. 그는 심지어 어려움을 많이 겪은 사람은 매우 운이 좋은 사람이라고 얘기했다.

　호주의 성공한 기업가 필 다니엘스라는 사람은 눈부신 실패에는 상을 주어야 한다고 말한다. 반면 평범한 성공에는 벌을 내려야 한다고 덧붙인다. 평범한 성공보다 눈부신 실패에서 얻는 교훈이 훨씬 더 많기 때문이다.

　꽃은 꺾여도 꽃이라 했다. 모든 여자는 향기 나는 한 송이 꽃이다. 원하던 방향이 틀어지고, 오래 준비하던 공부에 실패해도, 의욕을 잃고 우울함에 시달리는 어려움을 겪어도 꽃은 꽃이라는 사실에는 변함이 없다.

　그러니 결론! 좀 넘어지고 먼 길을 돌아가게 되더라도 한 번쯤은 원하던 길을 당당히 걸어보자. 마음을 속이는 건 가짜다. 부딪치고 깨어지더라도 다채롭고 눈부시게 뛰어보자. 딱 3년만 치열함의 아이콘이 되어보자. 공부벌레의 대명사가 되어보자. 고인 물은 그것이 아무리 맑다고 해도 마실 수 없다고 하지 않던가!

그녀들의
꿈꾸는
공부법
2

토끼보다 꾸준한
거북이가 빠르다

꿈을 이룬 그녀들은 매일 같은 시간에 같은 양을 꾸준히 공부한다. 전략을 다시 세우자. 각자에게 가장 창조적인 시간, 머리는 뱅글뱅글 골뱅이가 되고 심장은 파닥파닥 탭댄스를 추며 영혼은 덩실덩실 깨어나는 '감각의 시간'을 선택한다. 새벽 5시에 뇌세포 활동이 가장 활발하다 싶은 사람은 매일 그 시간을 공부 시간으로 설정하고 잠들기 전 공부가 좋다는 사람은 매일 같은 시간에 책상에 앉는다. 효과가 있는지 없는지는 3년쯤 꾸준히 공부해본 뒤에 다시 얘기하자. 끈질긴 공부가 인생을 바꾸었는지 아닌지는 적어도 마흔까지는 공부해본 뒤 판단할 문제다.

영화 〈줄리 앤 줄리아〉 속 주인공 줄리는 실재 인물을 모델로 한 영화다. '요리'로 지리멸렬한 일상 탈출을 꿈꾸던 평범한 공무원 줄리. 그녀는 '나 홀로 요리공부'를 위해 전설적인 프랑스 셰프 줄리아의 요리책을 보며 365일 하루도 빠짐없이 요리공부에 매진한다. 이름 하여 '줄리와 줄리아 프로젝트.' 365일 동안 524개의 요리법에 도전하고 그 내용을 자신의 블로그에 올리는 것이다. 그런데 요리 블로그는 생각지도 못한 폭발적인 반응을 얻게 되고 결국 그녀는 요리책을 출간하고 자신을 모델로 한 영화까지 만들어지게 된다. 게다가 여주인공은 할리우드의 대모 메릴 스트립. 이 얼마나 영화보다 더 영화 같은 이야기인가?

여기서 우리가 주목해야 할 것은 줄리의 '365일 524개 요리 만들기'라는 대목이다. 그렇다. 그녀는 '365일 매일 꾸준히 요리하기'라는 미션을 완벽히 수행해 나갔다. 요리를 제대로 공부해본 사람은 안다. 얼마나 고되고 창의적인 공부인지. 더군다나 1년간 매일 다른 요리를 만드는 것? 그건 열정만으로는 지속하기 힘든 작업이다. 끈기와 집념이 없으면 불가능한 일이다. 공부하려면 줄리처럼 해야 한다. 자신의 지독함, 그 한계를 경험해봐야 한다.

미국을 대표하는 동화작가 타샤 튜터 역시 마찬가지다. 그녀는 2008년 92세로 세상을 떠나기까지 100여 권의 책을 출간했다. 그런데 놀랍게도 그녀는 정식으로 그림을 배운 적도 없으며 15세에 학교를 그만두기까지 했다. 타샤의 성공 비결은 무엇이었을까? 그녀는 그것을 '꾸준함'이라고 말한다.

타샤는 늘 집안일, 아이들, 정원, 동물을 돌보는 일에 쫓기면서도 스케치북을 곁에 두었다. 아이들, 동물, 풍경, 풀과 꽃, 건물 등의 실물을 관찰해 재빨리 그리는 연습을 하루도 빠짐없이 계속했다. 하루도 빠짐없이 말이다.

그녀의 꾸준함은 재능을 뛰어넘었고, 오늘날 세계인의 사랑을 한몸에 받는 동화작가가 되었다.

기억할 것! 꿈을 이룬 그녀들은 자신과 쉽게 타협하지 않는다. 예외를 허락하지 않는다.

무엇을 공부할 것인가?

변화가 없는 소소한 습관들은
언젠가 인생을 송두리째 집어삼킬 것이다.
• 정이현 「너는 모른다」중에서

삶을 바꾸는
독서와
글쓰기

잘나가는 그녀들은 어떤 공부를 할까?

누가 봐도 화려한 여자들이 있다. 스모키 메이크업과 킬힐로 섹시한 것이 아니라 정신과 영혼이 섹시한 여자들이다. 20대까지 여자의 아름다움이란 반짝이는 피부와 스키니한 몸매라고 생각했다. 30대에 접어들며 오래 눈길을 붙드는 여자의 조건이 확실히 달라졌다. 외적인 아름다움도 물론 중요하지만, 그보다 더 매혹적인 것은 자신감으로 똘똘 뭉친 강한 내면을 가진 여자들이었다. 소신을 굽히지 않고 두려움 없이 제 길을 가는 여자들이다.

자신감이란 단어를 오해하지 마시라. 70년대 일부 골수페미니스트들처럼 여성성을 감추고 시가를 피우며 거친 언행을 일삼는 것이 아니다. 간혹 '나대는 것'과 자신감을 동일시하는데 자신감은 그렇게 간단한 문제가 아니다. 정치적 미소를 부풀리고 수십 명 앞에서 완벽에 가까운 프레젠테이션을 하는 강심장의 내면이 사실은 자신감 제로일 수도 있다는 얘기다. 반면 혼자 있길 좋아하는 소심하고 내성적인 여자가 자신감과 자존감의 화신일 수도 있다. 자신감 여부를 판단하려면 스스로 삶을 대하는 그녀들의 태도를 관찰해보면 된다. 말끔한 비즈니스 정장을 갖춰 입고 출근하지만 어제도 한 달 전과 마찬가지로 꿈과 계획 없는 하루를 보냈다면, 그녀는 지금 자신에 대한 -자신의 현재와 미래에 대한- 신뢰를 잃어가는 중이다.

성장하는 여자들의 특징은, 놀랍게도 그녀들이 계속해서 눈에 띄게 발전한다는 것이다. 뇌는 짜릿한 승리의 쾌감을 기억하기 때문이다. 나태는 또 다른 나태를 몰고 오지만 승리는 더 큰 승리의 가능성을 몰고 올 확률이 높다. 스스로와의 약속을 지키고 타인에게 인정받는 여자들은 감히 샤넬과 마놀라 블라닉으로 대신할 수 없는 쾌감을 알고 있다. 뜨거운 연애와 촉촉한 키스보다 강렬한 기쁨을 알고 있다.

자신감 넘치는 여자의 공통된 특징이 또 하나 있다. 그것은 그녀들의 백 안에 언제나 책이 들어있다는 사실이다. 그녀들의 반짝이는 가방 안에는 립스틱과 거울만 들어 있는 것이 아니다. 조르바와 니체와 프로이트. 조정래와 박경리와 피터 드러커, 어쩌면 플라톤과 스피노자가 담겨 있을지도 모른다.

그간 기업과 기관에서 독서특강을 진행하며 '성공한 여자는 독서가'라는 공식이 사실이었음을 직접 확인해왔다. 이상하게도 직책과 직급이 높을수록, 업무가 바쁘고 시간이 없는 여자일수록 더 많은 책을 읽었다. 꿈이 크고 확고한 미래상을 가진 여자일수록 시간의 틈을 쪼개고 벌려서라도 책을 읽었다. 행복한 여자 역시 마찬가지다. 자신의 가치를 인정하고 어떤 처지와 상황에서도 전진할 힘을 가진 여자들은 결코 손에서 책을 놓지 않았다.

종종 어떤 책을 읽었는가를 통해 그 여자의 과거를 유추하고 어떤 책을 읽는가를 보고 현재와 미래를 상상하는 나로서는, 독서가 곧 앞에 놓인 그녀의 연대기나 진배없다. 그리고 그 예측은 대부분 맞아떨어졌다.

책 읽기의 중요성에 대해 더 무슨 말이 필요할까? 가스통 바슐라르라는 철학자는 심지어 천국을 거대한 도서관에 비유하기도 했다. 정신의 자유와 꿈의 실현이 우리를 천국에 놓인 기분으로 안내한다면 천국이란 도서관이란 말이 틀림없을 것이다.

독서는 모든 공부의 시작과 끝이다. 삶의 모든 문제 해결, 성공 여부를 가늠할 궁극의 열쇠다.

나만의 독서학교 세우기

독서에도 전략이 필요하다. 책을 읽으면 영양가 있다니까 무작정 손에 잡히는 대로 읽어나가는 것은 그다지 효율적이지 않다. 같은 시간, 같은 에너지와 돈을 쏟는다면 이왕이면 '제대로' 작정하고 읽을 것을 권한다.

체계적인 독서를 위해 '나만의 독서학교'를 설립하라고 이야기하고 싶다. 자신이 총장이 되고 교수가 되고 학생이 되어 과정을 전부 이수해야만 졸업이 가능한 독서학교 말이다. 한 달·6개월 단기 코스, 혹은 1년·2~3년을 꾸준히 읽어야만 이수가 가능한 장기코스도 있다. 이는 과목과 커리큘럼에 따라 달라진다.

먼저 올해 내가 공부하고 싶은 과목, 나만의 테마나 중심 키워드를 두세 가지 정한다. 알다시피 확실한 목표는 그 사람을 끌어당기는 힘으로 작용한다. 도달하는 자체가 중요하다기보다 그 과정에서 발전과 끈기를 배우게 되니까.

2014년 갑오년 청마해 나의 키워드는 모두 세 가지였다. 독서치료, 중국현황, 시나리오나 소설작법 공부. 일단 명확한 목표를 설정하자 순조롭게 나머지 빈칸이 채워졌다. 목표를 설정할 때 중요한 또 한 가지는 '최종 목표' 역시 정해두어야 한다는 것이다. 막연히 독서치료를 공부한다면 그 범위가 너무 다양하고 폭넓다. 공부의 깊이를 설정해야 마무리가 보일 것이다. 관련 자격증 취득인지, 개론서 훑어보기인지, 전문가 수준에 이르기인지 말이다. 나는 독서치료는 '독서심리상담사'라는 자격증 취득이 목표였다. 커리큘럼을 짜보니 3개월 정도 소요될 듯했다. 기간을 정하니 기간 내에 해야 할 학습량이 분명해졌다. 이에 따라 반드시 읽어야 할 독서치료 관련 서적들을 15권에서 20권 정도 선정했다. 온라인 강좌도 함께 수강하기로 했다. 나는 '독서치료코스'를 총 20학점을 이수해야 졸업 가능한 것으로 설정해두었다. 15권의 책이 각각 1학점이고, 온라인 강의수료와 자격증시험이 5학점이다. 물론 각각의 책을 읽고 서평을 작성해야 학점취득으로 인정하기로 했다. 이래 봬도 졸업이 꽤 까다로운 명문학교에 다니고 있다.

독서학교는 우리 각자가 세우는 학교다. 입학은 쉽지만, 졸업은 의지에 따라 매우 쉽거나 영영 학사경고를 받게 될지도 모른다. 이 학교의 특징은 수능성적과는 무관하게 전공 선택이 자유롭고 폭넓다는 것이다. 혹 과목을 이수하고 졸업하지 못했다 해도 엄청난 수확을 얻을 수 있다. 바로 평생 써먹을 수 있는 '스스로 학습법'을 터득하기 때문이다.

또 다른 특징은 가지치기로 여러 분야를 공부하다 보면 새로운 관심분야를 찾게 된다는 점이다. 멸종위기동물에 관심을 두고 공부하다가 지구환경 전체로 영역이 확장되면 수질오염, 지구 온난화, 대기오염 등 가지치기로 여러 분야를 섭렵할 수 있다. 여러 분야에 대해 폭넓은 독서를 하다 보면 뜻밖에 자신의 적성이나 다른 재능을 발견하는 기회가 되기도 한다.

무엇보다도 이 학교의 가장 훌륭한 점은 학비가 저렴하다는 사실이다. 책값을 기본 13,000원으로 잡고, 1년에 50권을 사서 공부한다고 치자. 대략 60만 원의 비용이 발생한다. 2013년 대학교 평균 학비는 1년에 628만 원이다. 정확히 1/10의 비용으로 1년을 알차게 공부하고 졸업하는 것이다.

나는 매년 '나만의 독서학교'를 세운다. 이 학교 덕을 톡톡히 봐서 아예 독서학교 전도사를 자처하고 나섰다. 물론 언제나 우수한 성적으로 졸업하는 것은 아니다. '와인의 역사' 과목은 중도 포기했으며, 프랑스어 같은 경우

거의 매년 재입학하지만 제적에 제적을 거듭하고 있다. 그래도 꿋꿋하게 교실 문을 두드린다. 이 세상 그 어떤 명문대학에서도 줄 수 없는 우월한 자신감과 불절불굴의 끈기를 배울 수 있기 때문이다. 와인이나 엑셀, 뜨개질에서 김치 담그기에 이르기까지. 땀 흘릴 가치가 없는 분야란 존재하지 않는다. 복잡한 프로세스나 거창한 구호 따위는 없다.

'다른 누구도 아닌 내가 원하는 분야를 위해 부단히 노력하는 것!'

이것이 독서학교의 핵심철학이다.

글쓰기는 모든 공부의 기본

미국의 소설가 엔다 퍼버$^{Enda\ Ferber}$는 말한다. 인생은 글쓰기를 사랑하는 자를 결코 진정으로 좌절시킬 수 없다고. 그녀는 또한 덧붙인다. 글을 쓴다는 것은 죽을 때까지 삶 자체를 연인으로 두는 일이라고. 연인이라니, 이 얼마나 달콤한 단어인가?

어두운 밤 잔잔한 조명 아래서 글을 써본 여자는 안다. 그 떨리는 자신과의 로맨스를. 그 짧은 시간 속을 유랑하며 느끼는 만족감과 평온함, 카타르시스, 치유와 위로의 기분을.

서른에 이르던 해, 나는 남들과 다를 줄 알았는데 역시나 별수 있나? 나이라는 허수가 가져다주는 얼마간의 우울과 허무에 시달렸다. 그 회색 시간을 채색한 것은 20대 내내 거의 하루도 빠짐없이 일기를 썼다는 사실이었다. 얼마나 큰 위안이 되던지. 나의 공식적인 청춘은 예상에 크게 못 미치는 것이었으나 나는 청춘의 시기 내내 적어도 글을 쓰며 나를 찾기 위해 어쓴 것이다. 20대 내내 밤을 밝혀주던 일기장들은 지금도 방 한구석에 놓여 내 30대를 내려다보고 있다. 이렇게 흔들리고 뒤척였으니 30대에는 거침없이 자유롭고 넉넉히 행복하라며 나를 응원한다. 그렇다 글쓰기는 응원이다. 자신의 꿈과 내일에 건네는 목청 높은 응원가, 가스펠이다.

세계 경제를 이끄는 유대인들이 다른 민족과 다른 가장 큰 특징 중 하나는 그들이 독서를 삶의 일부로 여긴다는 것이다. 그들에게 독서는 선택의 문제가 아니다. 잠을 자고 식사를 하는 것과 같은 일상의 한 풍경일 뿐이다. 그 결과 유대인 9경 가운데 1명은 작가, 저술가다. 세계 인구에 0.2%에 불과한 유대인들은 역대 노벨상 수상자 가운데 23%를 차지하고 있다. 그들은 태어나서 죽을 때까지 읽는다. 그리고 쓴다. 이것은 무얼 의미하는가? 그들에게 대적하기 힘든 엄청난 무기가 있음을 의미한다. 독서와 글쓰기를 가장 중요한 공부로 채택하여 어려서부터 훈련받는 그들의 풍성한 삶이 부러울 따름이다.

여자에게 글쓰기가 필요한 이유

나는 되레 글을 쓰지 않는 여자들이 신기하다. 글쓰기라는 도구 없이 공기 같은 시간의 휘발성을 견디는 것이 놀랍다. 잔인한 타인과 더 잔혹한 사회에서 받는 강편치들을 대체 글쓰기라는 의식 없이 어떤 방법으로 치유하는가 궁금하다. 물론 각자의 탁월한 방법이 존재하겠지만 어쩌면 글쓰기를 시도해보지 않아 그 깊은 위로를 모르는 것이 아닐까 싶다. 물론 치유와 위로 말고도 글쓰기가 필요한 이유는 다양하다.

먼저 글쓰기는 모든 학문분야의 기본이다. 인문학이 모든 학문의 발판이듯 글쓰기는 모든 공부의 기초다. 어학을 공부하려 해도 우리말 실력이 우선이고, 블로그나 카페를 통한 온라인홍보의 기본도 글쓰다. 학위논문도 논리적 글쓰기가 바탕이 되어야 하고, 회사 보고서나 프레젠테이션까지 사실상 글쓰기가 중요하지 않은 분야는 없다.

자신의 의견을 적당한 어휘로 옮기지 못하는 리더는 없다. 미국과 유럽의 모든 커리큘럼에서 글쓰기가 가장 기본이면서도 중요한 취급을 받는 이유가 있는 것이다. 글을 쓴다는 건 인간만이 가질 수 있는 가장 사치스러운 행위 아니던가.

멍석 깔아 놓은 자리에서 글을 써본 사람은 알겠지만 글쓰기는 많은 훈련이 필요한 분야다. 누구나 글을 쓰지만 누구나 글을 '잘' 쓰는 건 아니다. 멋진 글을 쓰는 여자가 훨씬 매력 있어 보이는 건 거부할 수 없는 일. 가끔은 군더더기 없는 이미지를 가진 여자의 '반전 있는' 글 때문에 실망하게 되는 일도 있다. 앞뒤 문맥, 맞춤법, 표현력까지 '초중등' 수준의 글을 읽다 보면 개인적인 신뢰도 훅 떨어진다. 그런 여자에게 중요한 직책을 맡겨야겠다고 결심하는 상사나 함께 사업을 해봐야겠다고 희망하는 파트너는 없다.

여자에게 글쓰기가 매혹적인 이유는 평생을 우아하고 알차게 써먹을 수 있다는 점 때문이기도 하다. 자유기고가는 학력에 의한 차별도, 나이 제한도, 정년퇴직도 없다. 능력만 갖춘다면 '평생직장'으로 신 나게 일할 수 있다.

나는 해마다 평균 서너 곳의 잡지나 웹사이트에 칼럼을 연재한다. 단발성 기고까지 합치면 한 달에 최소 세 군데 이상의 매체에 글을 싣고 있다. 연재계약은 보통 1년 단위로 이루어지는데 특별한 일이 없는 경우 1년을 쭉 이어간다. 말하자면 한 군데 매체에 연재계약을 맺으면 잘릴 위험 없는 1년의 일거리가 보장된다는 얘기다. 세 군데 매체에 글을 싣는다고 하면 한 달에 60~70만 원 정도의 부수입이 생긴다. 큰돈은 아니지만 좋아하는 일을 하며 수입도 생기고 자기계발도 되니 이만한 일감은 찾아보기 힘들다.

태국 요리에 관심 있는 서른의 J가 있다고 치자. 콘텐츠가 확실하다면 회사에 다니거나 다른 일을 하면서도 여러 매체에 글을 실을 수 있다. 물론 누구나 처음부터 돈을 받고 글을 쓸 수는 없다. 경력이 쌓이고 원고 수준을 인정받아야 가능하다. 그전까지는 혼자 공부하는 셈 치고 블로그나 개인 홈페이지에 관련 글을 차곡차곡 쌓아나가는 거다. 나누고 싶은 콘텐츠는 무료로 여러 매체에 배포도 한다. 오픈캐스트를 발행하거나 뉴스레터를 제작하는 것도 괜찮겠다. 그렇게 자신만의 길을 열다 보면 그 가치를 돈으로 환산해 주는 사람이 반드시 생기게 마련이다. 꼭 당장 수입으로 직결되지 않더라도 텍스트를 정리해 훗날 단행본으로 출간하거나 전자책, 잡지로 발행할 수도 있다. 관련 강좌를 개설해서 수강생을 모으거나 아예 사업자등록을 내고 홈페이지를 구축해 비즈니스로 확장할 수도 있다.

개인적으로 글을 쓰는 행위가 짜릿한 가장 큰 이유는 그것이 내가 추구하는 삶의 방식과 맞아떨어진다는 점이다. 나는 독특하고 제멋대로인 탓에 조직과 직장에 얽매이는 것보다 혼자서 자유롭게 움직이는 '독고다이 생존법'을 지향한다. 스스로 일자리를 만들고 전 세계 어디든 원하는 곳을 일터로 만드는 '노마드 비즈니스족'이 되기를 꿈꿔왔다. 그런데 글쓰기는 이런 내 삶의 방식과 꼭 일치한다. 일단 노트북과 와이파이만 잡히면 그곳이 어디든 바로 일터가 된다. 나는 홍대 앞 카페에서도 상하이나 마카오의 호텔에서도 자유롭게 일을 한다. 동트기 전의 어스름 속에서도 별빛도 잠든 자정에도 마찬가지다. 시간과 공간의 제약 없이 원하는 때에 원하는 곳에서 근무 모드에 돌입할 수 있다. 전 세계 어디든 내가 머무는 곳이 곧 내 사무실이 된다. 이보다 매혹적인 근무조건이 어디 있겠는가.

여자의 글쓰기는 삶을 바꾼다. 생활의 활력 면에서건 꿈의 실현 면에서건 좀 더 다듬어진 변형을 가능케 한다. 우리가 바로 글쓰기를 시작해야 하는 이유다.

코스모폴리턴, 세계를 무대로

외국어로 다시 짜는 인생 드라마

영어로 된 정보가 인터넷상 모든 정보의 97%를 차지한다는 사실을 처음 접했을 때 적잖은 충격을 받았다. 그 말은 곧 내가 익히 읽고, 쓰고, 전해 듣는 정보가 '새 발의 피'에 불과하다는 얘기잖아? 그렇다면 반대로 내가 만약 영어를 한국어처럼 구사한다면? 삶의 무대가 얼마나 깊고 넓어질지는 감히 상상이 되질 않았다. 기회는 또 얼마나 무궁무진하겠는가? 영어로 칼럼도 쓰고, 단행본도 출간하고, 좋은 한국문학을 외국에 소개하는 일도 제약 없이 할 수 있다면? 상상만으로도 신 나 죽겠다.

비단 영어뿐만이 아니다. 중국어, 스페인어, 프랑스어, 일본어 등. (최근에는 아랍어나 인도네시아어와 같은 '희귀언어'를 배우는 이들도 많이 늘었다.) 한 가지 외국어를 익힌다는 것은 한 사람의 삶을 송두리째 바꿀 수 있는 놀라운 마술이다. 우리는 왜 긴 시간과 에너지를 투자해 외국어를 익히나? 외국어란 단순한 '말'이 아니기 때문이다. 하나의 언어를 배운다는 것은 다른 세계로 문을 두드리는 일과 같다. 해당 문화권의 수많은 사람과 잠재적 친구가 된다는 의미이고, 세상을 더 잘 이해하고 받아들일 수 있는 열쇠를 가졌다는 의미이기도 하다. 사랑은 이해로부터 출발하지 않던가? 지나친 확장이라 여길지 모르지만, 외국어를 배우며 그 세계를 이해하는 일은 세상을 좀 더 사랑하게 되는 일과도 같다. 외국어를 배운다는 것은 이렇듯 언어학습 그 이상의 커다란 의미를 지닌다.

상황이 이렇다 보니 외국어 하나로 '인생역전'도 충분히 가능하다. 『여성이여, 네 인생의 역사를 써라』의 저자이자 자타공인 최고의 영어전문가로 활약 중인 이지연 씨는 '영어'라는 무기 하나로 세상에 도전장을 내밀고 당당히 승리한 대표적 인물이라 할 수 있다.

그녀는 서른이란 나이에 단돈 천만 원으로 초등학교에 입학해야 하는 아이의 손을 잡고 미국 유학길에 올랐다. 그러나 영어를 완벽히 익히고 돌아온 이후 그녀의 삶은 180도 달라졌다. 그녀는 '2002 한일 월드컵' 조직위원회 외신보도과장, 로이터 통신 '2002 한일 월드컵' 기획부장 등 여러 국제행사에서 활약했으며, 라디오 영어프로그램을 진행하고 대학에서 영어 강사로 활동하기도 했다. 자신의 이름을 딴 영어 연구소를 운영하며 70만 부 이상의 판매고를 올리는 베스트셀러 영어책도 여러 권 출간했다. 영어라는 도구로 할 수 있는 거의 모든 일을 거침없이 쟁취해낸 것이다.

'영어' 하면 절대 빠지지 않는 여성이 또 있다. 세계에서 가장 영향력 큰 뉴스 매체인 CNN의 손지애 전 지국장이다. 그녀는 초등학교 때 부모님을 따라 4년가량을 미국에서 보냈다. 하지만 그렇다 해서 누구나 그녀처럼 '신기(神技)에 가까운' 영어 실력을 갖추게 되는 것은 아니다. 언어란 것이 얼마나 정확히 에빙하우스의 망각곡선을 잘 따르는지는 공부를 하다 잠시 쉬어본 사람이라면 누구나 이해할 것이다. 그녀는 언어감각을 잃지 않기 위해 초등학교 때부터 '미친 듯이 주어라'고 영어를 붙들었다고 고백한다. 그녀는 또 스스럼없이 영어를 '나의 생명줄'이라고 표현한다. 그 '생명줄'을 단단히 붙든 덕분에 대한민국의 숱한 영어 잘하는 여자 가운데 하나에 불과했던 그녀는 뉴욕타임스 특파원과 CNN 서울지국장을 거쳐 G20 정상회의 준비위원회 공동대변인이자 청와대 해외홍보비서관, 아리랑TV CEO로 활약했다. 모르긴 몰라도 '영어'라는 무기로 오를 수 있는 최고의 자리까지 올랐을 것이다.

3년 배워 30년 써먹는 외국어

알다시피 세상 모든 일에는 불행히도 '때'라는 우주의 간섭이 있다. 뒤늦게 정신 차려도 소용없는 일이란 게 존재한다는 말이다. 19세 때에는 그때만 할 수 있는 일이란 게 반드시 존재하고, 24세 때에는 또 그때 해야만 하는 일 -이를테면 졸업 및 취업 준비 등-이 있기 마련이다. 그 '때'를 놓친 사람은 남들 갑절 이상의 노력을 기울여야만 한다. 남들이 설렁설렁 평지를 걸어갈 때 가파른 언덕을 뛰어가야 한다는 얘기다. 그런데 '외국어 공부'에는 별다른 '때'가 없다. 물론 어릴 때 시작하면 훨씬 더 좋은 발음과 훌륭한 기억력으로 빠르게 학습할 수 있을 것이다. 조기학습이 불필요하다는 말이 아니라, 언제 시작해도 남은 생 내내 요긴하게 써먹을 수 있는 공부가 바로 외국어 공부라는 의미다. 서른에 이차함수를 배우는 것보다 생소한 외국어를 하는 게 훨씬 남는 장사라는 것은 두말하면 잔소리다.

나 역시 외국어에 늘 관심이 많으며 '마흔 전에 5개 국어로 떠들기'라는 거창한 목표도 가지고 있다. 나는 학부 때 중국어를 전공했는데, 중국어라는 무기로 할 수 있는 일의 스펙트럼을 제대로 경험했기에 외국어 공부만큼 남는 장사는 없다는 것을 일찌감치 온몸으로 깨달았다. 하나라도 외국어를 '제대로' 할 줄 알면 굶어 죽기가 쉽지 않다. 곰곰히 생각해보자. 각종 국제행사나 비즈니스 박람회에서 통역하거나, 직장을 다니며 주말에 회화 강의를 할 수도 있다. 투잡으로 틈틈이 어린이 동화책 번역을 할 수도 있고 전공이 따로 있다면 화학, 건축, 법률, IT 등 전문 서류 번역도 수입이 꽤 좋다. 장담컨대 무엇을 상상하건 그 이상을 얻을 수 있는 것이 바로 외국어다.

　법정 스님은 참된 배움이란 타인에게서 빌려온 지식이 아니라 자신이 몸을 부딪쳐 체험한 것이라고 말씀하셨다. 외국어 공부가 꼭 그렇다. 사전을 달달 외운다 해도 혀에 익지 않으면 현장에서 무용지물이 되고 만다. 그래서 많은 외국어 고수는 외국어를 수영처럼 온몸으로 체득해야 하는 공부라고 이야기한다. 혹은 피아노나 기타연주처럼 말이다. 외국인 친구를 만나 수다도 떨고, 엉망진창 뒤죽박죽인 발음과 문법으로 여행도 가보고, 큰 소리로 떠들며 익히는 과정이 있어야만 실전어 강해진다는 것이다. 대한민국에서 12년쯤 영어를 공부하다 첫 외국여행에서 꿀 먹은 벙어리가 되어본 여자라면 이 말의 의미를 백번 이해할 거다.

　세계를 뮤지컬 무대 삼아 훨훨 날아다니는 그녀들의 서사에는 분명 '외국어'라는 공통점이 자리한다. 코스모폴리탄으로 세상에 또각또각 구두 소리를 내고 싶다면 오늘부터 3년 배워 30년 넉넉히 써먹을 외국어 공부에 투자하자.

인문학, 모든 학문의 기초

인문학은 가장 실용적인 학문

인문학의 위기라는 말이 시도 때도 없이 언론을 장식하던 때가 있었다. 인문학은 곧 돈 안 되는 학문이라는 분위기가 팽배하던 때였다. 당연히 전공을 선택할 때도 취업이 힘든 인문계열은 꺼리는 분위기였다. 그런데 몇 년 전부터 갑자기 인문학 열풍이 불어 닥쳤다. 시중에는 '인문학 어쩌고'라는 제목을 단 도서들이 물밀듯 쏟아져 나왔고, 라디오, 다큐멘터리에 이어 예능 프로그램까지 인문학을 등에 업기 시작했다. 상황이 많이 나아졌다고는 하나 그럼에도 인문학은 여전히 '교양'으로 익히는 학문이며 실용성과는 거리가 멀다는 인식이 팽배한 것이 사실이다. 그래서 지금부터 그 억 겹의 오해를 걷어내고자 한다. 인문학이야말로 삶의 변화를 끌어내는 '단능실용주의' 학문이 분명하다고 주장하고 싶다. 단기적 표면적 변화가 아니라 뿌리부터 송두리째 바꿔주기에 더욱 실용적이다. 인생의 근본적인 물음을 해결해줄 수 있는 것은 오직 인문학만이 할 수 있는 영역이다. 이만하면 평생의 동반자로 삼을 만하지 않을까?

여자의 삶을 바꾸는 인문학 공부

살다 보면 to부정사 용법이나 엑셀 함수 정리, 주식투자 말고도 중요한 문제, 해결해야 할 물음이 한가득이다. 말하자면 좀 더 심오하고 추상적인 물음인데 그깟 to부정사와는 비교도 안 될 만큼 삶을 좌지우지하는 것들이다. 이를테면 이런 질문들.

> 내 삶의 궁극적인 목표는 무엇일까?
> 나는 왜 늘 상처받는 사랑만 하는 걸까?
> 회복되지 않는 자존감의 문제는 무엇으로 해결해야 할까?
> 진정한 성공이란 무엇일까?
> 어떻게 나를 싫어하는 사람을 내 편으로 만들 수 있을까?

협상에서 항상 이기는 방법은 없을까?
내 인생만 이렇게 힘들고 복잡한가?

to부정사나 엑셀 함수는 학원에서 돈 주고 배울 수라도 있지, 이런 철학적인 문제들은 어디 가서 토로할 수조차 없다. 조언은 구할 수 있겠다만 결국 스스로 고민하고 결정해야 할 문제들이란 말씀이다. 바로 이 대목에서 인문학이라는 '삶의 단축키'가 빛을 발한다. 부모님께도, 선생님께도, 학교 선배나 직장 상사, 심지어 친한 친구에게도 선뜻 꺼내놓기 어려운 질문에 대한 궁극적 해답을 가진 것이다.

궁금하지 않은가? 정의란 무엇인지. 올바른 사랑의 의미와 여자로 사는 삶은 무엇인지. 진짜 성공의 의미와 그 밖에 인생이란 여행을 하는 내내 품게 될 다채로운 질문들.

언제부턴가 기업의 CEO들도 인문학이 지혜로운 경영의 핵심열쇠임을 알아차린 것 같다. 애플의 디자인 구상이 스티브 잡스가 대학 때 배운 캘리그래피에서 나왔다는 것은 널리 알려진 일화다. 그는 젊은 시절 인도에서 수행했으며 한평생 인문학을 아끼고 사랑했다. 심지어 "소크라테스와 점심을 먹을 수만 있다면 회사의 모든 것을 걸겠다"고까지 이야기했다.

전혀 연관 없을 것 같은 경제, 경영, 리더십, 인간관계, 심지어 미래전략까지도 인문학을 통한 성찰이 가능하다. 요즘은 취업, 승진에도 인문학이 먹힌다(?). 삼성그룹과 현대자동차 입사 시험에서는 역사 문제 출제 비중이

늘었고, 은행권에서도 인문학 서적을 주제로 토론 면접을 하는 등 인문학 인재를 차지하기 위해 취업시장도 빠르게 변화하는 추세다. 몇 해 전 구글은 학부에서 인문학을 전공한 경영대학원생들을 특별 채용해 화제가 되기도 했다.

취업, 승진, 교양 등을 차치하고서라도 여자의 삶에 인문학이 필요한 이유는 무엇일까?

먼저, 인생의 핵심가치를 일깨워주기 때문이다. 인문학은 올바른 방향을 알려주고 다시 일어날 힘을 건넨다. 사랑에 상처 입을 때, 자신의 가치가 무참히 찢기는 기분이 들 때, 우정이 술을 부를 때, 돈과 양심 앞에서 망설여질 때 등등. 살다 보면 이런 순간들이 분명히 찾아오는 데 필요할 때 쓸 수 있는 은행 잔고처럼 마음에도 계좌가 필요하다. 통찰을 통해 얻은 지혜를 자유롭게 입출금할 수 있는 마음계좌. 그것들에 답해줄 수 있는 것은 평소 인문 독서를 통해 얻은 메시지들일 것이다. 롤랑 바르트에게 사랑의 의미를 묻고, 『삼국지』의 유비와 조조에게 용인술을 배우며, 앨빈 토플러에게 미래 예측 시나리오를 건네받고, 헨리 데이비드 소로에게 가음의 고요와 평화를 배우는 삶! 이건 럭셔리 크루즈를 타고 지중해를 돌고, 경비행기를 몰고 미대륙을 일주하는 것만큼 사치를 누리는 삶이라고 말하고 싶다. 돈으로 얻는 것만이 사치는 아니다. 정신의 쾌락을 누리는 것이 진정한 사치다.

나는 누구인가에 대한 궁극적 해답

인문학이 필요한 또 다른 이유는 우리가 그토록 찾아 헤매는 '자아 발견', '자기 찾기'를 가능하게 하기 때문이다.

좋은 직업, 직장을 찾고 싶다고? 대기업에 들어가도 명확한 목표의식과 직업철학이 없다면 5년도 못 가 이직하거나 결국 제 발로 회사를 나온다. 남들에게 그럴듯하게 보이고자 소위 좋은 직업, 직장에 몸담았지만 결국 제 풀에 꺾이는 여자들을 숱하게 보아왔다. 입사를 위해 토익 공부를 하기 전에 그 회사의 그 업무가 정말 '나'를 위한 일인지 '타인의 시선'을 위한 일인지 정도는 따져보아야 한다.

주변을 둘러보고 곰곰이 생각해보자. 학창시절 우리 곁에 있던 그 많은 똑순이 친구, 선배, 후배들이 왜 35세를 전후로 하나둘 자취를 감추는 걸까? 왜 여자의 성공은 나이에 반비례할까? 그 많던 재능 있고 열정 넘치던 여자들이 왜 날개를 감추고 조용히 숨어 지낼까? 육아로 말미암은 경력 단절 등 여러 가지 이유가 있겠으나 '인생 내비게이션'을 잘못 설정한 탓도 크다. 대학을 졸업하고 첫 직장에 입사할 때만 해도 나름 괜찮았을 거다. 열심히 노력해서 좋은 성적으로 졸업하고, 의욕에 불타올라 첫 직장에서 5년 정도 시간을 보냈을 거다.

문제는 그다음부터다. 자꾸 '이게 아닌데'라는 의심이 생기기 시작한다. 내가 원하던 일, 꿈, 미래와 행복에서 점점 멀어지는 기분이 든다. 그건 업무가 힘든 것과는 비교도 할 수 없는 무기력함과 우울함을 가져다준다. 열심히 시간을 보내긴 하지만 이 모든 게 무의미하다는 생각이 들면 사소한 일에도 금방 지쳐 나가 떨어진다. 꿈이 있고, 목표가 있다면 일이 아무리 힘들어도 참을 수 있다. 그러나 지금 내가 의미 없는 시간 낭비 중이며 내가 있어야 할 곳은 여기가 아니라는 상념이 찾아오면 정말 견디기 힘들다.

하기 싫어 죽을 것 같은 일을 억지로 견디며 얻은 성공을 '진짜 성공'이라 생각하고 자신에게 자부심을 느끼는 사람이 있을까? 반면 남들 눈에는 소소한 성취라도 내가 원하던 바를 깔끔하게 이루어냈다면, 누군가가 되기보다 나 자신이 되기 위해 노력한 꿈이 이루어졌다면 그건 자부심을 품을 만한 멋진 성공이다. 물론 이 과정을 위해서는 먼저 '나는 누구인가?', '내가 걷고자 하는 길은 어디인가?'를 고민해야 한다. 이런 고민은 예능 프로그램이나 드라마를 통해 얻을 수 있는 게 아니다. 학원이나 과외로도 해결 불가다. 유일한 길은 시간과 공간을 초월하여 인류에게 지혜를 전해주는 동서양 고금의 인문학 지식을 통해 얻어내야 한다. 한 방울 한 방울 최고급 더치커피를 정성스럽게 추출하듯이 말이다.

아시아계 최초로 미국 아이비리그 명문 다트머스대 총장을 역임하고 세계은행 총재 자리에 오른 김용은 왜 하버드 의대에서 학위를 받고 복수전공으로 인류학을 선택해 박사학위까지 받은 것일까? 지휘자가 된 세계적인 첼리스트 장한나는 왜 전공으로 철학을 선택하였는가? 그녀는 한 인터뷰에서 음악이 아닌 철학과 심리학, 행동과학 등 인문학공부에 심취해 있다고 밝혔다. HP, 휴렛팩커드의 CEO였던 칼리 피오리나 역시 대학에서 철학과 역사를 전공했다. 그녀는 자신의 성공키워드 중 하나를 '인문학적 소양'으로 꼽았다. 이 밖에도 인문학을 중심으로 공부를 확장한 국내외 수많은 기업가, 예술가, 정치가들은 상상력과 창의력, 미래를 읽는 분석력까지도 인문학을 통해 습득했다고 말한다.

단언컨대, 매일 읽는 한 장의 철학책이 여자의 삶을 바꾼다. 자신을 사랑하는 법을 일러주고 인생의 품격을 높여 더 자유롭고 더 강하게 만든다. 알다시피 진한 자기애를 가진 여자는 피부도 더 반짝이고 눈빛은 말할 것도 없다. 내적인 아름다움이 넘실대면 외적인 변화도 충분히 가능하다. 이건 과학적으로도 입증된 사실이다. 새로운 삶의 개척을 꿈꾼다면 압구정 성형외과보다 집 앞 도서관으로 먼저 가라! 그리고 인문학으로 정신을 무장해 누구도 어떤 상황도 당신의 의지 없이 당신을 상처 입히고 좌절시키지 못하도록 하라.

여행은
최고의
세상 공부

지출은 크게 두 가지 항목으로 나뉜다. 물질지출과 가치지출. 물질지출이란 말 그대로 돈을 주고 물건을 사는 행위다. 가방, 구두, 노트북에서 자동차까지. 가치지출이란 돈과 어떤 경험, 추억, 쾌락· 행복 등을 맞바꾸는 행위다.

어른이 되어 돈을 벌면서부터 나의 지출은 대부분 후자로 이어졌다. 목돈이 모인다 싶으면 장롱 위에 놓인 트렁크를 끄집어내 먼지를 정성스레 닦고 짐을 꾸렸다. 대부분 혼자 떠나는 여행이었다. 스무 살 무렵에는 친구들과 왁자지껄 무리 지어 떠나는 여행도 좋아했다. 싸구려 게스트하우스에서 밤새도록 술을 마시고, 비밀스러운 이야기를 주고받다가(대부분 누가 누굴 좋아한다는 유치한 사랑 이야기들이었지.) 날이 새면 풍경을 배경으로 사진이나 찍고 돌아오는 여행이었다. 그러다 어느 날 우연히 혼자만의 여행을 떠나게 되었다. 꼭지가 돌 정도로 외롭고 쓸쓸했지만, 이상했다. 태어나서 처음으로 침묵 속에서 오로지 자신과 독대하며 보낸 그 시간이 여행에서 돌아온 이후에도 아주 오랫동안 기억 속에 좋은 향기로 머물렀다. 이후 나는 종종 혼자만의 여행을 떠났다. 가깝게는 강원도와 전라남도 일대에서, 멀게는 베트남, 필리핀, 태국 등 동남아 지역까지. 그렇게 만 서른이 되기 전에 전 세계 31개 도시쯤을 돌아다녔다.

요즘은 배낭여행으로 세계 50개국을 돌아다닌 여행 족들도 흔히 만날 수 있는 시대이니 9개국 31개 도시쯤은 별것 아닌 경험일 수 있다. 그러나 내 여행이 조금 특별하다고 자부하는 것은 그 모든 떠남이 삶을 뒤바꾸고 성장시키는 탁월한 세상 공부였기 때문이다.

100개의 눈으로 세상 보기

마르셀 프루스트는 말했다.

"유일하게 진정한 여행, 젊음의 유일한 원천, 그것은 새로운 풍경을 찾아 떠나는 것이 아니라 다른 눈을 갖는 것이다. 다른 사람의 눈, 다른 100인의 눈으로 세계를 보는 것이다. 그들 각자가 보고, 그들 각자가 지닌 100개의 세계를 보는 것이다."

새로운 풍경을 위한 여행이 아닌 새로운 눈으로 세상을 보기 위한 여행. 나는 그것만큼 훌륭한 삶의 교과서도 없다고 여긴다.

매일의 일상에서 새로운 시각으로 세상을 볼 수 있다면야 더할 나위가 없겠지만, 월화수목금금금으로 이어지는 일상 속에서 새로운 눈으로 세상을 보기란 쉬운 일이 아니다. 매일 마주하는 사람과 후렴조 같은 사무실과 가정에서 색다른 깨달음을 얻거나 특별한 경험을 하는 것도 거의 불가능하다. 삶에서 여행이 반드시 필요한 이유다.

나에겐 인생을 바꾼 기적의 여행이 여러 차례 있었다.

14세, 난생처음 언니와 단둘이 대만 타이베이를 보름 넘게 여행하며 세계를 들여다보았다. 방학 때 학원에 다니며 선행학습을 하는 것보다 '국제미아가 되더라도' 견문을 넓히고 오는 게 더 큰 공부라는 것이 부모님의 의견이었다. 운이 좋았다고 생각한다. 어릴 적부터 자립심과 모험심을 단단히 길러준 부모님의 교육철학이 지금 생각해도 멋지다는 생각뿐이다.

이후 나는 중국과 수교를 맺은 1997년 이전부터 중국을 드나들며 약 20여 개 도시를 여행하고 역동하는 중국의 과거와 현재를 현장에서 목격했다. 대부분 혼자 한 여행이었는데, 이를 통해 자신감과 소심함을 상당 부분 극복했다.

23세 무렵 필리핀 마닐라와 퀘손시티에서 보낸 4개월의 시간 역시 잊을 수 없는 공부였다. 그 여행을 통해 영어 울렁증에서 탈출하고, 낯선 이의 세계 속에 융화되는 법을 배워나갔다. 언제나 물을 두려워했으나 태국 코따오 섬 여행을 통해 나를 괴롭히는 두려움 하나에서 해방되기도 했다. 혼자 스킨스쿠버 자격증을 취득하고 돌아온 것이다. 가난이 지천으로 널린 내몽골 여행을 통해서는 행복의 진짜 의미를 헤아리기도 했다. 그 밖에도 많은 여행이 인생을 바꾼 기적을 선물했다.

　　엄마와 단둘이 떠난 베트남 나트랑 여행, 자본주의에 대해 다시 생각하게 된 미국 라스베이거스와 마카오 여행, 완벽한 쉼의 의미를 깨우친 멕시코 칸쿤 여행, 우리 땅의 아름다움을 재발견한 대한민국 일주까지. 모든 여행은 각각 새로운 시각과 비전을 제시한 새로운 눈이 되어 주었다.

　　여행지에서는 언제나 처음 해보는 일들뿐이다. 서울에서였더라면 엄마나 언니의 손에서 해결됐을 일들도 여행지에서는 온전히 자신의 몫이었다. 누구의 도움도 없이 처음부터 끝까지 모든 일을 해결하는 것! 당연시하던 일들이 하나의 도전과제가 되는 것은 낯선 곳에서만 가능한 일이다. 예를 들면 길을 묻는 일부터 숙소를 구하고 친구를 사귀는 일까지. 어려움 없이 해결하던 일들이 하나의 '미션'이 되는 순간 묘하게도 삶은 다시금 울렁거리기 시작한다. 그리고 나라는 여자가 할 줄 아는 일이 사실은 별로 많지 않았다는 것에 놀라게 된다. 그 깨달음 자체가 커다란 공부다. 어린아이처럼 모든 것을 처음부터 익혀가는 과정 자체가 전부 공부가 되는 것이다.

극복하고 싶은 두려움이 있는가? 혼자서는 식당에서 밥도 못 먹는 성격을 고치고 싶다고? 반경 500km에 나를 아는 이가 한 명도 없는 낯선 곳에 홀로 놓인 적이 한 번도 없다고? 조용히 사색하고 내면과 오래 대화할 시간과 장소가 필요한가? 혹은 그간 배운 외국어를 제대로 써먹을 무대가 절실하다고? 이 모든 것은 여행이라는 공부를 통해 충분히 배울 수 있다.

나를 재발견하는 여행

27세의 J는 모범생 코스를 직선으로 밟아온 엘리트였다. 좋은 성적으로 좋은 대학에 진학했고, 사상 최악의 취업난에도 좋은 회사에 단번에 입사해 모두의 부러움을 샀다. 지금껏 그래 왔듯 회사에서도 상사가 시키는 모든 일을 제때 제때 완벽하게 처리했다. 그녀는 많은 이들의 인정과 신뢰를 얻었다. 그런데 회사생활이 3년 차에 접어들던 어느 날, 한 번도 집 밖에서 혼자 잠들어 본 적이 없는 범생이 J는 일생일대의 위기를 맞는다. 태어나서 한 번도 자기 뜻대로 뭔가를 해본 적이 없음을 깨달은 것이다. 우울하고 충격적인 깨달음이었다. 어린 시절에는 부모님의 기대에, 학창시절에는 선생님의 뜻에 부응하고자 노력했고, 이제 몸과 마음이 독립한 완벽한 어른이 되었다고 자부했는데 여전히 타인의 시선과 기대에 자신의 인생을 맡기고 있는 자신을 발견한 것이다. 진정으로 하고 싶은 일은 무엇인가에 대한 고민이 인생에서 단 한 번도 진지하게 이루어지지 않았다는 사실도 알았다. 그녀는 용기를 내어 휴가를 내고 혼자만의 여행길에 올랐는데, 이상하게도 터키라는 나라에 끌렸다고 한다. 그리고 어떻게 되었냐고? 그녀는 터키의 매력에 빠져 이후로도 자주 터키를 여행했고, 한국에 돌아와서는 터키어를 공부하고 터키의 문화와 역사를 깊이 있게 공부했다. 그리고 J는 현재 터키에 거주하며 터키 문학을 공부하고 터키여행 가이드로 일하고 있다. 자유와 행복을 매 순간 만끽하며 말이다.

J는 가상의 인물이 아니다. 친오빠가 터키여행에서 만난 가이드의 실제 이야기다. 여행은 삶을 바꾼다. 자신에게 더 근접한 모습으로 살아가도록 돕는다. 몰랐던 자기의 모습을 발견하는 시간도 만들어준다.

여행을 떠나기 전까지 나는 한 번도 내가 온몸으로 비를 맞을 수 있는 사람인 줄 몰랐다. 지붕도 칸막이도 없는 화장실을 스스럼없이 이용할 수 있으리라고도 상상 못 했다. 처음 만난 사람과 5분 만에 친구가 되어 가족사진을 공유할 수 있는 사람인 줄도 몰랐고, 스카이다이빙, 스킨스쿠버나 경비행기 조종 같은 익스트림 스포츠에 희열을 느낄 거라고도 생각 못 했다. 낯선 땅에 홀로 놓이자 나라고 규정했던 껍질이 조금씩 벗겨져 갔다. 서울에서 3년을 살면서도 얻지 못한 깨달음을 여행지에서 3일 만에 배우기도 했다.

실체 없는 두려움을 극복하는 가장 탁월한 학교도 여행이다. 물을 무서워하는 사람, 높은 곳을 무서워하거나 낯선 음식에 거부 반응부터 보이는 사람은 여행이라는 극단적인 상황을 통해 이를 극복할 수 있다. 사회성이 부족하다 느껴지거나 불편할 정도로 소심하고 수줍음 많은 성격도 여행을 통해 해결할 수 있다. '나는 절대 이걸 할 수 없을 거야' 느끼던 편견의 늪에서 빠져나오는데 여행만 한 스승이 없다.

최고급 호텔에서 묵으며 부릴 수 있는 극단의 사치도 누려보고, 지구 상 가장 가난한 나라를 둘러보며 자신의 운명에 감사함도 느껴보라. 한 번은 처음 만난 모든 사람과 인연을 맺는 여행을 해보고, 또 한 번은 침묵 속에서 명상하고 사색하는 '금언 여행'도 해보라. 친구나 가족과 함께 떠나 아름다움을 마음껏 공유해보고, 철저히 혼자 떠나 죽을 것 같은 외로움도 느껴보라.

플라톤은 세상을 배우기 위해 나고 자란 아테네를 떠나 무려 12년간 공부여행을 했다. 이집트의 카이로, 페르시아, 남부 이탈리아로 끝없는 배움을 향해 세상을 방랑했다. 그리고 전문가들은 이 여행이 없었다면 지금의 플라톤이 존재하지 않았을 거라 이야기한다.

전 IBM 회장 루 거스너 Louis Gerstner 의 말처럼 책상은 세상을 보기에는 위험한 장소다. 서른의 여행은 최고의 세상 공부다.

마음을
움직이는
커뮤니케이션

말하기는 품격의 기초다

나는 언제나 과묵한 사람을 좋아했다. 남자도 말 많은 남자는 매력지수가 급하강했고, 친구도 말수가 적은 편이 무조건 좋다는 선입견을 품고 있었다. 말이 없다는 건 침착하고 진지하며 더 깊은 내면세계를 품고 있는 게 분명하다는, 검증 안 된 편견에 사로잡혀 있었던 것이다. 사회생활을 하며 말을 안 하는 것과 못하는 것의 차이를 확실히 알게 되었고, 커뮤니케이션 능력이란 아무리 강조해도 지나치지 않은 '핵심스킬'이라는 것을 절감했다. 나를 멋지게 포장하고 드러내는 것이 미덕인 시대에 꿀 먹은 벙어리로 사는 게 과연 옳은 일인가를 의심하게 된 것이다. 스피치학원이란 곳이 있다는 걸 처음 알게 되었을 때 적잖이 놀랐는데, 이제는 왜 그토록 많은 사람이 오로지 말하는 능력을 배우고자 그곳에 등록하는지 이해가 간다.

세상엔 99%의 확률을 가진 일이 그다지 많지 않은데 '성공한 여자는 말을 잘한다'는 법칙은 언제나 99%의 적중률을 보인다. 직업상 남들보다 다양한 분야의 성공한 사람들을 만나온 결과 그랬다. 이 놀라운 확률을 지켜보며 도달한 결론은 '이제 말하기는 성공의 필수조건'이라는 것이다. 영어만 놓고 봐도 내가 못하면 통역사를 시키면 그만이다. 그런데 말하기는? 회의 때마다 옆자리 동료에게 프레젠테이션을 양보할 순 없다. 협상의 자리에 말 잘하는 친구를 대동할 수도 없다. 말을 못한다고 불행해지는 건 아니겠지만, 존재감이 없어지는 건 확실하다. 이것도 99%의 확률로 확실하다.

누구나 그렇듯 아주 가끔은 환상적인 혀를 가진 여자들을 만난다. 자기 생각과 아이디어를 완벽한 논리로 무장하여 상대를 K.O 시키는 여자들 말이다. 그런 여자들은 아주 오래 뇌리에 각인되며 나도 모르게 '매력 있는 여자'라는 꼬리표를 붙여놓는다. 다음번 만남이 기대됨은 물론이다.

그런데 많은 사람이 오해하는 부분이 있다. 말을 잘한다는 건 목소리가 큰 것, 빠르게 말하는 것과 무관하다는 거다. 그런 말 하기는 오히려 마이너스인 경우가 많다. 상대를 짓누르기 위한 '오만방자한 말하기'드 탈락이다. 더 건방지고 더 거친 말하기, 즉 '나쁜 여자 코스프레' 같은 말하기가 쿨하고 멋지다 여길 수도 있지만, 생각해보자. 그런 여자와 대화를 나누며 즐겁고 유쾌하고 친해지고 싶다는 기분을 느낀 적이 단 한 번이라도 있었는지. 몇 년 전 이름만 대면 알만한 아주 유명한 여성과 만날 기회가 있었다. 나처럼 책을 쓴 저자이기도 했고, 열정과 야망이 넘치는 여자라 큰 기대를 했던 만남이었다. 그런데 첫 만남에서 그녀의 말투에 한 마디로 홀딱 깼다. 2시간 내내 본인 이야기하기에 바빴고, 표정, 제스처, 목소리 톤, 단어선택 등 모든 것이 상대를 자신보다 한 단계 낮게 보는 것이 느껴져 불쾌하기 짝이 없었다. 자신이 얼마나 유능하고 당당하고 잘 나가는지를 PR하러 나온 자리 같았다. 강연이나 프레젠테이션이었다면 적절했을지도 모르겠다. 개인적인 자리에서 그녀의 커뮤니케이션 매너는 미안하지만 0점이었다. 사람의 마음을 움직이는 커뮤니케이션 스킬을 배우지 않는 한 그녀가 그토록 자랑하던 성공은 딱 거기까지일 거란 생각이 들었다.

『존중』이란 책을 쓴 미국 작가 사라 로렌스 라이트풋의 책에는 이런 부분이 있다. 저자의 아버지는 오랫동안 많은 사람에게 존경을 받았는데 그녀는 어느 날 그 비밀을 깨닫게 되었다. 그것은 다름 아닌 '존중'이었다. 식상한 얘기가 아니다. 그녀의 아버지는 누구나 알지만 누구도 실천하지 못하는 일을 했고, 그 '기본적'인 이유로 타인의 존경과 사랑을 한몸에 받았다. 그녀의 아버지는 구두닦이를 하는 12세 아이와 대화를 나눌 때도 대학 총장과 이야기할 때와 언제나 똑같이 경청했다. 진심으로 상대를 존중하는 일관된 태도로 살아온 것이다.

버진 그룹의 창시자 리처드 브랜슨$^{Richard\ Branson}$의 커뮤니케이션 핵심 철학도 이와 일맥상통한다. 그는 중학교 졸업학력이 전부이며 한때 난독증을 앓은 것으로도 유명하다. 물론 지금은 스티브 잡스와 함께 전 세계에서 가장 창의적이고 도전적인 CEO로 기억되지만 말이다. 특이한 점은 그는 자기가 만난 사람들과 나눈 이야기를 꼼꼼하게 노트에 필기한다는 것이다. 때로는 전용 운전사가 하는 이야기도 노트에 담아 적는다. 그에겐 '어떤 지위에 있는 누가 한 이야기'가 중요한 게 아니고 '어떤 가치를 가진 이야기'인 점이 중요하다. 리처드 브랜슨에게는 수백 권의 필기 노트가 있다고 전해진다. 그것이 그의 성공의 진짜 비밀이 아닐까?

인재라 불리는 여자들의 핵심 소통법

우리가 말하기를 무조건 배워야 하는 이유는, 어찌 보면 '말'이 한 사람의 모든 것을 나타내기 때문이다. 말은 사고를 담는 그릇이고, 사고를 판단해야 그 사람의 사상, 성격, 꿈과 야망까지 전부 가늠할 수 있다. 그 사람이 어떤 사람인지 아는 방법은 그 사람이 하는 말을 통해서 밖에는 없는 것이다.

  서울대 최초로 말하기 강의를 개설한 '말하기 전문가' 유정아 교수는 말하기 교육을 총 3단계로 나누어 설명한다.

  1단계는 소통의 과정에서 간과하기 쉬운 자신과의 소통 방법을 터득하고 타인의 말을 경청하는 자세를 익히는 단계이다.

2단계는 바른 발성과 기본적인 언어 훈련을 거쳐, 말이 담길 그릇을 굽고 닦는 단계이며, 마지막 3단계는 분야별 말하기를 집중적으로 연습하는 단계다. 자기소개 스피치, 대화, 인터뷰, 토론, 내레이션 등을 실습하는 것이다.[3]

유정아 교수는 말한다. 기술이 아무리 발달하여 소통의 수단을 변화시켜도 소통의 본질은 타인과의 관계 맺기이며, 그 중심에는 말하기가 자리할 것이라고. 맞는 말씀. 말하기는 수저나 포크나 망치처럼 대체할 만한 더 좋은 것이 발명될 수 없는 가장 유연한 소통 방법이다.

그 밖에도 '인재'라 불리는 여자들은 그들 나름의 커뮤니케이션 법칙을 갖고 있다. 그녀들의 소통법을 정리하면 다음과 같다.

- 무조건 잘 듣는다.

일찍이 1936년 『카네기 인간관계론』이란 책으로 성공적인 인간관계의 원리를 제시한 데일 카네기는 말했다. '지난 2년 동안 사귀었던 친구보다 더 많은 친구를 2개월 만에 사귀는 법? 그건 먼저 관심을 갖고 다가가 듣는 것'이라고. 경청은 최고의 '말하기'다. 듣기는 말하기 못지않은 노력과 연습이 필요한 분야다. 귀만 있으면 다 잘 듣는 거 아니냐고? 그럼 입이 있는데 왜 모두 훌륭한 연사가 아닐까? 같은 이치다. 듣기는 고도의 집중력과 상대에 대한 배려가 없으면 불가능하다.

---

[3] 유정아 『유정아의 서울대 말하기 강의』 문학동네. P8~9.

경청을 잘하는 법을 익히려면 일단 한 달 정도를 '무조건 듣는 시기'로 정해라. 친구, 애인, 부모, 상사 등 모두의 이야기를 일단 들어라. 일단 귀를 오픈시켜 타인을 받아들일 준비가 된 여자만이 자신의 이야기도 드러내 보일 수 있다.

- 매력지수를 올리는 비언어 커뮤니케이션을 익힌다.

드라마나 예능을 볼 때 여자연예인들 성형 여부만 파고들지 말고, 성공한 셀러브리티의 제스처를 눈여겨보라. 고소영, 김희선, 이영애, 전지현 등 남녀노소 누구에게나 매력 있다고 인정받는 여자들은 특유의 제스처를 갖고 있다. 그것이 의도적인 전략에서 나온 몸짓인지 DNA에 새겨진 타고난 매력인지는 모르겠다. 확실한 것은 그녀들 각자의 이미지에 걸맞은 제스처가 그들의 매력을 몇 배로 끌어올린다는 사실이다. 상대의 눈을 지긋이 바라보며 짓는 표정과 얼굴각도, 섬세하고 부드러운 손동작, 웃을 때의 입술 모양과 3분에 한 번씩 머리를 쓸어 올리는 습관까지 세세한 것들이 각자의 이미지를 결정짓는 데 커다란 역할을 한다.

비언어커뮤니케이션에는 몸짓뿐 아니라 눈빛, 입술 모양, 눈썹 모양과 신체접촉 여부, 냄새까지 우리 생각보다 많은 것들이 포함된다. 연구에 따르면 이러한 비언어 커뮤니케이션은 언어만큼이나 상대의 이미지를 결정짓는 데 중요한 역할을 한다고 한다.

- **자기인식부터 점검하라.**

평소 목소리가 심하게 작거나, 제스처가 소심하거나, 경청이 안 되거나, 유머러스함이 부족하다면 말하는 스킬에 앞서 '자기인식'부터 점검해보라. 낮은 자존감과 부정적인 자아 이미지를 갖고 사는 것은 아닌지 생각해봐야 한다. '나'라는 여자를 밝고 긍정적인 매력녀로 인식하고 있다면 말하기도 자연히 당당하고 매력적이기 마련이다. 말하기가 '나'를 드러내는 종합예술인 것도 이 때문이다.

- **소통의 잡음을 끈다.**

주제에 맞는 말하기. 언뜻 쉬운 것 같지만 조금만 정신줄을 놓아도 말은 옆길로 줄줄 새어나가기 마련이다. 화자와 청자가 주제에 딱 맞는 대화를 주고받는 것은 결코 쉬운 일이 아니다. 여기서 '잡음'이란 물론 머릿속 잡념도 포함된다. 그런 경험은 누구나 있을 것이다. 한참 몰입해 대화를 나누다가 갑자기 어젯밤 그 남자와의 달콤한 포옹이 떠오른다거나, 전기장판 코드를 뽑고 나왔는지 아닌지에 집착하기 시작하는 것이다. 잡념이 끼어들면 게임 끝이다. '끝판왕'을 절대 깰 수가 없다. 커뮤니케이션에서의 '끝판왕'이란 대화 참여자 모두가 만족할만한 결론에 이르거나, 상대와 나의 마음이 움직여 한 걸음 더 가까이 다가서게 된 것을 말한다.

- 무조건 연습이다.

〈킹스 스피치〉라는 영화가 있다. 말하기를 말할 때 단골손님으로 등장하는 영화다. 영화는 한 마디로 말더듬이 왕 조지 6세의 콤플렉스 극복기라고 할 수 있다. 그런데 영화를 본 분들은 아시겠지만 제아무리 왕이라 해도 말을 잘하기 위한 거창한 솔루션은 없다. 유일무이한 솔루션은 바로 '무한 연습'이다. 조지 6세는 연습하고 연습하고 또 연습한다. 상상과 철학만으로 피아노를 잘 칠 수 있을까? 하물며 말하기는? 어쩌면 연습량에 비례하는 정직한 분야가 바로 말하기일 것이다.

오바마도 힐러리도 반기문도 대중 앞에서 연설하는 것이 마냥 편안하기만 한 사람은 없다. 모든 상황의 말하기를 적어도 20년 이상 직접 체험하며 연습해야 한다.

그리고 마지막으로 중요한 것은 자신에게 맞는 말하기를 찾는 것이다. 각자의 이미지와 발성과 스타일에 따라 추구하는 말하기 방법도 다를 것이다. 내가 가진 특징과 장점을 가장 잘 드러낼 수 있는 말하기는 무엇일까? 필요하다면 유명인들의 강연이나 토크쇼를 들으며 벤치마킹할 부분을 찾아본다. 그리고 내 삶의 목적과 방식에 가장 적합한 태도와 말하기를 매일 조금씩 연습한다.

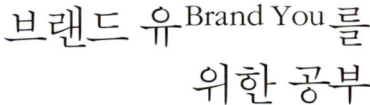

브랜드 유 Brand You 를
위한 공부

새로운 예능프로그램을 시작할 때 개그맨들이 나와 이런 말을 하는 걸 종종 들어봤을 거다.

"아직 콘셉트를 안 잡았어. 캐릭터를 구축해야 해."

노홍철 하면 떠오르는 이미지는 '긍정맨'이다. 물론 '돌+I'라는 별명도 있다. 유재석은 '국민 엠씨', 박명수는 '버럭 맨' 이미지가 강하다. 배우들도 마찬가지. 전도연은 언제부턴가 '칸의 여왕'으로 불린다. 고현정은 '최고의 피부미인', 김희애 하면 떠오르는 이미지는 우아함과 세련미다. 연예인들이 흔히 말하는 자신들만의 '콘셉트', '캐릭터'는 곧 그 사람 이름 석 자를 들으면 떠오르는 이미지다. 신인 때 이 캐릭터 싸움에서 패한 사람은 긴 무명시절을 거치거나 수십 배의 노력을 덧붙여 다시 이미지를 재구축해야 한다.

 그런데 평범한 개인에게도 이 콘셉트, 캐릭터가 필요하다는 사실을 알까? 한마디로 나만의 브랜드를 구축하는 일이 반드시 필요하다는 거다. 나만의 확고한 브랜드를 가진 여자는 직업을 선택하지 않고 직업을 만든다. 육아휴직을 너무 오래 쓰면 회사에서 잘리지나 않을까 고민하지 않는다. 원하는 때 원하는 일자리를 언제나 얻을 수 있다. 조기 퇴직이나 은퇴도 걱정 없다. 시간이 갈수록 경력은 쌓여 갈 테고 그 분야 전문가로서의 입지는 더욱 견고해질 테니까 오히려 몸값은 올라간다.

 이것이 바로 '브랜드 유 Brand You'를 위한 공부다.

공부의 공통분모

주변에 그런 친구 하나쯤은 꼭 있다. 3개월에서 6개월, 길게는 1년에 한 번 꼴로 직장을 옮기는 친구. 특별히 성격이 모나거나 능력이 부족한 것도 아니다. 그렇게 힘들다는 취업시장에서 매번 성공하는 걸 보면 오히려 탁월한 능력자인 것 같다. 안타까운 점은 토막난 경력 때문에 매번 신입으로 재입사해야 한다는 사실이다. 4년 넘게 직장생활을 했어도 소위 경력으로 인정될만한 이력은 존재하지 않는다. 옆을 경력이란 게 없으니 자신만의 전문분야도 점차 희미해진다. 무역학을 전공했으나 무역회사 해외영업팀에서 1년을 일했을 뿐, 의류회사 마케팅 부서, 물류회사 인사팀, 치과 코디네이터까지 다양한 직종을 두루 거쳤다. 인과관계도 상관관계도 없는 '중구난방'의 이력들은 마치 중국의 춘추전국시대 같은 혼란을 연상시킨다.

공부할 때도 그런 사람이 꼭 있다. 노후를 위해 공인중개사 공부를 한다더니 1차에서 합격, 2차에서 고배를 마신 뒤 갑자기 자산운용사 자격증을 준비하는 게 아닌가? 그것도 6개월쯤 공부하는가 싶더니 이번에는 일본어 시험에 도전하겠다고 선포한다. 열정이 과해 걷기도 전에 뛰는 사람이다. 공인중개사와 자산운용사와 일본어 시험에 전부 합격했다 해도 문제는 이 자격증을 어떻게 잘 활용하여 하나의 전문지식으로 묶어내느냐다.

공부에도 공통분모가 있어야 한다. 소위 개인 브랜드 구축을 위한 공부가 그렇다. 이건 다양한 취미활동과는 다른 얘기다. 취미는 다양하고 풍성하게 즐길 수 있지만, 전문가의 반열에 오를 공부는 연관성이 있어야 한다.

훗날 '외국어 전문가'라는 타이틀을 갖길 원한다면 외국어 교육기관에서 일하고 프리랜서 영어번역가에 도전하는 등 연관이 있는 공부를 이어가야 한다. 외국어 전문 컨설턴트가 미술사 박사학위를 취득했다면 물론 꽤 근사하고 멋지겠지만, 직업의 영역에서는 크게 인정받지 못한다.

독서도 마찬가지다. 다양한 책을 닥치는 대로 읽는 남독보다도 테마 별로 집중적인 읽기를 하는 것이 효과적이다. '긍정 심리학'에 궁금증이 생겼다면 다양한 학자의 의견에 각기 귀를 기울여보는 것이다. 긍정 심리학책을 읽다가 스페인 여행기를 읽는 것보다 긍정 심리학에서 아동심리학으로, 독서심리학에서 임상심리학으로, 관련 분야의 책들을 네트워크식으로 읽어나 간다면 지식의 연관성 때문에 이해도 빠를 뿐 아니라 시너지 효과도 커진다.

'나'라는 명품 브랜드 론칭하기

개인 브랜드를 갖는다는 것은 그 분야의 전문가로 인정 받는다는 얘기다. 이름을 알리고 영향력을 넓혀 가면 언제든 나를 찾는 사람은 반드시 있다.

나는 '독서 에세이' 책을 연달아 4권을 출간했다. 만약 달랑 한 권을 내고 그만뒀더라면 별다른 경력으로 인정받지 못했을 것이다. 4년에 걸쳐 4권의 책을 내고 나니 어느새 내 이름 석 자 앞에 '독서전문가'란 타이틀이 붙어 있었고, 강연, 원고 청탁, 책 출간 등 자연히 많은 일이 몰려왔다. 회사를 그만 둬도 먹고 살 충분한 여력이 생긴 것이다. 특히나 여자들은 '취업' 말고도 먹고 살 길을 반드시 만들어놔야 한다. 많은 여자가 장렬히 회사를 그만둔 뒤 혹은 결혼 후 전업주부를 선포한 뒤 영영 경력단절이 되고 만다. 먹고 살 걱정은 차치하고 나중엔 일하고 싶어도 찾아주는 곳이 없는 것이다.

몇 주간 밤새워 신규 브랜드 론칭을 위한 프레젠테이션 준비를 하고, 애인과의 데이트를 30분 전에 취소하고 상사의 술친구가 되어주어도 회사는 잘리면 그만이다. 잘리지 않는다 해도 다른 위험은 항상 존재한다. 갑자기 회사가 무너질 수도 있고, 내가 하는 일을 라오스나 방글라데시의 누군가가 절반의 임금으로 더 훌륭히 해낼 수도 있다.

반면 개인 브랜드를 가진 사람은 '나'가 곧 기업이 되기 때문에 모든 것을 스스로 결정할 수 있다. 일을 시작해야 할 시기, 그만둬야 할 시기, 시간당 적정한 보수, 함께 일할 파트너와 업무 공간까지. 모든 것이 내 자유의지와 선택으로 이루어진다.

내 브랜드 구축을 위해서는 관련 공부를 꾸준히 한 뒤 연관성 있는 업무 경력을 구축하는 것이 급선무다. 그러기 위해서는 내 전문분야를 제대로 계획해야 한다. 30세엔 어떤 조직에서 어떤 업무를 담당한 뒤, 33세엔 어떤 공부를 하며 어떤 준비를 하고 있을 것인지, 40세엔 어떤 위치에서 어떤 활동을 펼칠 것인지를 3D처럼 생생하게 그려보자. 계획적인 공부는 찌개를 만들기 위해 준비한 갖가지 채소처럼 언젠간 한데 뒤섞여 멋진 완성품이 될 것이다. 심리상담가를 꿈꾸면서 '언젠간' 써먹을지 모른다며 국제무역사 자격증을 공부하기보단, 차라리 성폭력상담센터에서 자원봉사를 하는 편이 훨씬 이롭다.

같은 계열 색상의 공부를 꼬치 꿰듯 연이어 가는 것, 그리하여 10년이 지난 뒤 원하는 전문분야에서 꿈꾸는 닉네임을 가진 최고의 내가 되는 것. 이것이 곧 브랜드 유를 위한 공부다.

그녀들의
꿈 꾸 는
공 부 법
3

최고의 멘토는
하루 10분의 명상이다

실행력은 물론 중요하지만, 그보다 더 중요한 것은 '무엇을' 실행할 것인가의 문제다. 공부로 꿈을 이룬 그녀들은 최소 하루 10분, 미래의 나를 위해 무엇을 준비해야 할지를 생각하고 고민하며 나아갔다. 사회 초년생 시절부터 미래를 위한 전략적 공부를 찬찬히 준비했다.

'지금 알고 있는 걸 그때도 알았더라면' 우리는 모두 지금쯤 3개 국어쯤은 자유롭게 구사하는 세계시민이었을 것이며, 언제 어디서 어떤 상황에 닥쳐도 굶어 죽지 않을 기술 하나쯤은 제대로 익혀 놓았을 것이다. 2050년의 먼 미래까지는 아니더라도 당장 5년 후, 3년 후만 내다볼 수 있는 안목을 가졌다면 장래는 그리 암담하지 않다. 당연히 공부의 방향도 많이 수정될 것이다.

각자의 위치에서 미래를 위한 전략적 공부는 무엇인지 시간을 두고 고민해보자. 교육 분야에 종사한다면 앞으로 교육시장은 어떻게 달라질 것이며 그 변화에 동참하기 위한 공부는 무엇인지 고민하자. 환경단체에서 일한다면 5년 후 목표를 '물 전문가'로 잡는 것은 어떨까?

Part 4

공부하는 그녀들의 리얼 분투기

인간 수명을 평균 82.5세로 보았을 때
우리에게 주어진 시간 총량은
'365 × 82.5 = 30,112일'이다.
결국 오늘 하루는
'1/30,112 = 0.000033'의 날이다.
0.000033이라는 숫자가 말해 주듯 지극히 사소하지만,
어떤 이들은 이 시간을 금가루처럼 소중하게 사용한다.
미세한 금가루 입자들이 모여
거대한 보석이 된다는 사실을 알기에.

• 박광수 『악마의 백과사전』 중에서

재미있게 나이 들고 싶다면?
공부만이 정답!

'김진 디자인' 대표 김진 씨

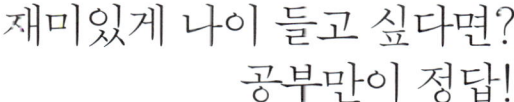

함께인 것만으로도 '기'를 전달하는 사람이 있다. 바라만 봐도 절로 파이팅이 넘치는 사람. 긍정적인 에너지에 휩싸여 시종일관 씩씩하고 명랑한 사람. '김진 디자인' 대표 김진 씨가 꼭 그렇다. 그녀와 함께 있으면 별일 아닌데도 웃음이 끊이질 않는다.

김진 대표는 여성스러움과 남성스러움을 골고루 가진 사람이다. 잘 가꾸어진 몸매와 피부, 무심한 듯 신경 쓴 세련된 패션 감각과 따뜻한 미소, 배려 깊은 세심한 말투까지. 그녀는 주말 아침 혼자 밥을 먹어도 예쁜 그릇에 담아내어 즐겁게 먹을 것 같은 인상을 폴폴 풍긴다. 그녀는 천생 여자다.

하지만 겉만 보고 전부를 판단해선 안 된다. 그녀로 말하자면 3년만 버텨도 성공이라는 회사를 벌써 14년째 이끌고 있는 '독종'이다. 혼자 시작한 회사는 그간 8명의 직원으로 늘어났다. 게다가 자신의 이름 석 자가 곧 기업명이다. 열과 성을 쏟고 혼과 전부를 불어넣는다는 일념으로 이름을 내걸었다. 출판사에서 북 디자이너로 6년, 창업 후 다시 14년. 벌써 20년 가까이 디자인 업계에 몸담으며 웬만한 남자보다 강한 체력과 내공을 길렀다.

성격만큼 모든 일에 극단적인 성향도 갖고 있다. 놀 땐 혼이 쏙 빠지게 놀다가도 일할 때면 언제나 완벽을 추구한다. 언젠간 작은 레스토랑을 운영하고 싶은 꿈을 가질 만큼 요리를 좋아하는가 하면, 톱과 끌을 이용하는 목공예도 그녀의 취미 중 하나다. 그녀는 정적인 영역과 동적인 영역을 자주 넘나든다. 배움에서도 역시 마찬가지다. 내면을 분석하고 이해하는 심리학에 심취하는가 하면 안 쓰던 몸의 근육을 사용하는 골프와 사이클도 즐긴다. 몸의 근육과 마음의 근육을 동시에 발달시키는 사람. 참으로 알면 알수록 재미있는 사람이다.

정작 김진 대표는 자신을 알아가는 과정이 세상에서 가장 즐겁다고 고백한다. 그녀는 자아탐색의 도구로 기꺼이 공부를 선택했다. 공부만이, 끝없는 배움만이 인생의 진짜 행복이자 쾌락이라고 생각하기 때문이다.

죽음의 위기 앞에서 깨달은 것들

사실 김진 대표는 남들보다 많은 우여곡절을 겪었다. 고생이라곤 안 해 보고 살아온 것 같은 화사한 겉모습과 유쾌 통쾌 상쾌한 성격만으론 전혀 짐작되지 않는 부분이다. 그녀는 꽃 같은 청춘의 시절 끔찍한 암을 극복했다. 그 과정에서 위와 장을 상당 부분 잘라내는 대수술을 받았다. 그 죽음 같은 고통의 시간을 겪으며 처음엔 '왜 나에게 이런 일이?'라는 답을 알 수 없는 의문과 대상을 알 수 없는 원망이 쓰나미처럼 인생을 휩쓸었다. 그런데 조금 지나자 역시 이유를 알 수 없는 감사함이 찾아왔다. 살아있는 하루하루가 기적처럼 느껴졌다. 그녀에게 기적이란 특별한 게 아니었다. 오늘 주어진 하루, 그리고 이 하루 안에서 이루어지는 사랑하는 사람들과의 시간, 주어진 생활의 의무감, 나를 기다리는 일거리, 배움. 이 모든 것들이 기적이었다.

아픔을 겪으며 그녀는 삶에 좀 더 겸허해졌다. 내려놓고 포기할 줄 아는 법도 배웠다. 의미 있게 살고 싶다는 더 큰 열망을 갖게 되었다. 이전까지 눈길조차 주지 않았던 많은 것들을 돌아보게 된 것도 그즈음부터다. 자신을 둘러싼 모든 것을 새로운 눈으로 관찰하기 시작했다. 물론 그녀 자신을 관찰하는 일에 가장 긴 시간과 노력을 들였다. 공부는 그 뒤에 자연스럽게 이어졌다. '나'를 알고 싶어 심리치료를 접했고, 타인과 더 잘 소통하고 싶다는 생각에 스피치도 정식으로 배웠다. 그녀의 공부인생은 그렇게 막을 올렸다.

세상에 쓸모없는 배움이란 게 있을까요?

"사실 제 공부의 궁극적인 목표는 하나예요. 즐겁게 살기. 배우면 배울수록 배우고 싶은 것들은 늘어가고 이상하게 없던 시간도 만들어져요."

그녀는 추상적인 학문보다 실용적인 분야를 배우는 게 더 적성에 맞는다. 하나의 새로운 영역을 알게 될수록 삶을 더 사랑하게 된다는 느낌도 받는다. 이전엔 한 가지 방식으로 고집스럽게 살았다면 지금은 다양한 문제 해결 방식을 섭렵하고 있다는 생각도 든다. 그래서 이 배움을 끊을 수가 없다. 친구들은 가끔 혀를 차기도 한다. 오지랖 넓다는 소리를 안 듣는 것도 아니다. 하지만 타인의 눈치를 살피는 것만큼 심한 인생의 낭비는 없다는 것을 깨달았기에 개의치 않는다. 내 식대로 살아가는 것. 그것은 내 삶에 대한 존중과 배려라고 생각한다. 누군가의 말처럼 이기적이라는 건 내가 살고 싶은 대로 사는 게 아니라, 내가 사는 방식을 남에게 고집하는 거다.

"디자인에 도움이 될 것 같아 캘리그래피를 배웠고요, 손으로 만지는 일을 워낙 좋아하는지라 목공예, 판화, 도예를 배웠어요. 요리는 일식, 양식, 중식을 포함한 세계 여러 음식을 배우고 있고요. 저희 어머니께서 전라도 분이시라 요리를 정말 맛깔스럽게 잘하시거든요. 요리에 관한 관심은 어려서부터 있었던 것 같아요. 요리하는 시간뿐 아니라 그 전후 과정을 전부 즐기는 편이에요. 차를 끌고 마트에 가서 신선한 재료를 고르고, 테이블을 화사하게 세팅하고, 맛있게 냠냠 음식을 먹는 과정. 이보다 더한 행복이 있을까요?

사진을 배우며 세상 모든 피사체가 아름답다는 생각을 했고, 판화를 배우며 세상에 쉬운 일은 하나도 없다는 생각을 했지요. 콤을 쓰는 일도 좋아하는데 최근엔 땀을 흠뻑 쏟는 일의 쾌감을 알게 되어 자전거를 타고 있어요. 맞바람 맞으며 살살 타는 게 아니라 한 번에 20킬로 정도 쌩쌩 달려요. 움직일 수 있고 느낄 수 있는 건강한 몸이 있다는 것에 감사하면서요."

그녀에게 쓸모없는 공부란 존재하지 않는다. 사업에 직접적인 도움을 준 공부도 있었고, 순수한 즐거움과 행복을 준 공부도 있었다. 모든 공부는 각기 다른 방향에서 그녀의 인생에 도움을 줬다. 당장 금전적 수익이 보장되는지는 중요하지 않다. 중요한 것은 그녀가 배움을 통한 성장의 진짜 즐거움을 깨달았다는 사실이다.

"전혀 모르던 분야를 6개월의 노력 끝에 알게 되는 것. 정말 신기한 일 아닌가요? 따라서 뭔가를 배운다는 건 인생에서 신비로운 경험을 계속해나가는 일과 같아요. 저 역시 일을 가진 사람으로서 평일은 다른 직장인고 별반 다를 바 없는 생활을 해요. 정시에 출근하고 밤늦게 파김치가 되어 퇴근하고. 명색이 회사대표인지라 주말에도 회사 일로 고민을 하고 때론 깨어 있는 시간 내내 뇌를 풀 가동시키며 모든 것을 일과 연관 지을 때도 잦아요. 하지만 그 '지루한 일'의 중간마다 힐링처럼 배움의 시간을 가져요. 쉼의 의미는 각자 다를 거예요. 온종일 집에 누워 책 보는 것을 쉰다고 생각하는 사람도 있을 테죠. 저에게 쉰다는 의미는 창의적인 놀이를 하는 것과 같아요.

그래서 끊임없이 뭔가를 배웁니다. 더 잘 쉬기 위해서, 더 재미있게 쉬기 위해서."

배우는 과정이 즐거운 또 다른 이유는 전혀 생각지도 못한 새로운 생각의 물꼬를 터준다는 점이다. 예를 들어보자. 미술 경매에 대해 무지한 사람은 그 세계에 관심을 두지 않는다. 반면 고미술에 대해 조금이라도 공부한 사람이라면 자연스럽게 관련 분야에 관한 관심을 확장할 수 있다. 다른 모든 분야도 마찬가지다.

김진 대표는 환경에 관심을 두고 공부하는 과정에서 '일회용 컵'의 폐해를 깨닫게 되었다. 본인 역시 이전에는 아무렇지도 않게 일회용 컵으로 테이크아웃을 했다. 그러나 한 해에 버려지는 일회용 컵이 5천억 개에 달하며 국내에만 120억 개의 컵이 사용된다는 사실을 깨달았을 땐 정신이 번뜩 들었다. 이 때문에 매년 40억 그루의 나무가 사라지고 있었다. 물론 환경에 대해 무지했을 때는 관심조차 두지 않던 일이다. 결론적으로 지구환경에 관한 공부는 새로운 사업 확장으로까지 이어졌다. 그녀는 현재 '네임컵'이라는 브랜드명으로 친환경 머그잔 사업을 진행 중이다. 엄연히 말하자면 환경에 작은 보탬이 될까 해서 조심스럽게 시작한 사회적 기업이다. 본인의 이름이 새겨진 머그잔을 사용하면 쉽게 버리지 못할 테니 환경에도 좋고, 건강에도 좋을 것이라는 작은 아이디어가 가져다준 결과다.

실제로 그녀는 아이디어 노트를 가지고 다니며 공부하며 깨우는 오감과 일상의 요소를 접목해 수시로 펜을 든다. 엉뚱하고 발칙한 아이디어에서부터 사소하지만 유용한 아이디어들까지 그 안에는 많은 기록이 담겨있다. 그 중 무릎을 치게 하는 아이디어에는 현실성이라는 옷을 입혀 구체적 계획을 짠다. 그리고 실현에 옮겨 과연 내 생각이 옳았는지 검증의 시간을 가진다. 이 과정 자체가 비할 바 없는 즐거운 게임 같다.

"서른의 여자들에게 들려주고 싶은 말이요? 많죠. 아주 많지만, 꼭 한 가지 조언만 해야 한다면 일단은 부딪치라는 얘기를 해주고 싶어요. 이 말은 전혀 식상한 말이 아니에요. 식상하다면 왜 그토록 많은 여자가 아직도 주춤거리고 두려워하며 잠재력을 발휘 못 하는 거죠?

저는 내일모레 쉰을 바라보는 나이지만 여전히 도전하고 꿈꾸길 두려워하지 않아요. 어릴 적 막 디자인 업계에 진출했을 때는 욕심만 과했던 것 같아요. 막연히 대체 불가능한 인재, 그게 안 된다면 환경에 맞게 빠르게 진화하는 사람이 되길 바랐죠. 그게 가능해지려면 부단한 공부가 뒤따라야 해요. 세상을 다양하게 바라볼 수 있는 관점을 기르고 다양한 분야의 사람을 만나 그들의 현장을 느껴봐야죠. 많은 여성이 '내일은 삶이 달라지겠지'라는 헛된 망상에 빠져 자신을 희망고문하는 것 같아요. 달라지려면 다르게 살아야지요. 어제랑 똑같이 살면서 다른 내일을 꿈꾼다는 건 말도 안 돼요.

서른. 아주 아름다운 나이예요. 아무것도 늦지 않았어요. 조금도. 저는 이 나이에도 '제2의 인생'을 기획하고 있어요. 다양한 분야를 계속 공부하는 것도 그 때문이죠. 유쾌하고 명랑하고 섹시한 할머니가 되고 싶은데 그러려면 배워야 하거든요. 앞으로 펼쳐질 제 삶의 다음 이야기가 너무 궁금하그 기대돼요. 어디서 어떤 모습으로 살게 될지는 여전히 미지수예요. NGO 단체를 이끌며 아프리카에서 일하고 있을 수도 있고, 현재 사업을 더 크게 확장할 수도 있겠죠. 여동생과 둘이 작은 식당을 운영하며 텃밭을 가꾸며 살 수도 있고, 생뚱맞게 작가로 변신할 수도 있고요. 중요한 건 무모하게 도전하며 사는 일이 가장 안전하다는 것을 지난 삶을 통해 배웠으니 계속 도전하며 살 거라는 것!"

그녀가 앞으로 어디서 어떤 모습으로 살게 될지 무척이나 궁금해진다. 확실한 건 그녀가 지금처럼 즐겁게 살 거라는 것! 그것만큼 중요한 일이 또 어디 있겠는가?

그녀의 4개 국어
마스터 프로젝트

영어 강사이자 중국어 통역사 임운희 씨

"외국어는 제 가슴을 울렁이는 열정 그 자체예요. 더 넓은 세상과 소통할 수 있는 자신감이기도 하고요."

 모국어인 한국어를 포함, 4개 국어를 능수능란하게 구사하는 30대 초반의 임운희 씨. 그녀는 현재 고등학교와 대학교에서 영어 강의를 하고, 틈틈이 중국어 통역사로도 일하고 있다. 이뿐만이 아니다. 일본에서 6개월을 체류했다고는 믿기지 않을 정도로 수준급의 일본어 실력을 자랑한다. 인사말 몇 마디로 '몇 개 국어 달인'이라 과장하는 이들고는 차원이 다른 수준이다. 그녀는 단순한 언어의 달인이 아닌 '언어예찬론자'다. 하나의 외국어는 하나의 세계로 진입하기 위한 마법의 열쇠라고 여긴다. 가끔 조용한 방에 앉아 큰 소리로 외국어 원서를 읽을 때면 황홀한 기분에 젖어든다. 이국적인 울림, 번뜩이는 표현들. 낯선 땅으로 당장 여행을 떠나는 기분이다.

각각의 외국어는 그녀 인생을 지켜본 증인 같은 존재다. 심장에도 기억이 있다고 했던가? 그녀에겐 외국어가 꼭 그렇다. 각각의 외국어에는 서로 다른 추억의 기억이 자리한다. 처음 영어를 배울 때 저질렀던 소소한 실수들, 중국 친구들을 만나 허물었던 편견의 담, 철없이 즐거웠던 일본에서의 한 때, 필리핀의 살인적인 더위와 유럽의 살인적인 물가. 그 밖에도 여러 나라를 돌아다니며 스스로와 만들었던 추억이 한 무더기다.

그녀는 하나의 외국어를 익힐 때마다 자신만의 길을 넓혀가는 기분이었다고 고백한다. 물론 언어를 마스터한다는 게 쉬운 일은 아니었다. 그렇다고 남들의 인정이나 부러움의 대상이 되고 싶어 시작한 것도 결코 아니었다. 좋아서 시작한 일이 삶을 바꾸게 될지는 그녀 자신도 몰랐다.

"저를 계속 성장시키고 싶다는 욕심이 있었어요."

지속 가능한 성장을 꿈꾸게 하는 일, 새로운 혜안과 통찰력을 덤으로 얻을 수 있는 일. 임운희 씨에게는 그 일이 새로운 외국어와 문화를 배우는 일이었다.

죽도록 공부해도 죽지 않아

치열했던 노력의 기억을 가진 여자들은 대체로 행복한 듯 보인다. 노력의 결과를 떠나, 자신의 삶을 죽도록 사랑하고 끌어안은 기억이 있는 여자들은 대체로 반짝인다. 임운희 씨의 첫인상이 꼭 그랬다.

"저는 저 자신을 많이 아끼고 사랑해요. 그래서 오늘보다 내일이 더 나은 여자가 되고 싶어요."

눈빛이 꼭 그렇게 말을 하는 것 같았다.

진솔한 이야기를 주고받으며 내 예상이 정확히 적중했음을 깨달았다. 20대의 그녀는 방황했지만 누구보다 치열했고, 작고 여렸지만 자신 안에 깃든 모든 용기를 끌어모아 청춘에 도전장을 내밀었다.

첫 열정의 대상은 영어였다. 대학 1학년 때 캐나다에 잠시 다녀온 것이 유학 전부였는데 한국에 돌아와서는 영어에 모든 것을 걸었다. 말 그대로 잠자는 시간을 제외한 나머지 시간 전부를 영어공부에 투자했다. 그녀는 말한다. 한국은 생각보다 영어를 공부하기 좋은 환경이라고. 학원수업과 좋은 교재를 활용하면 유학 못지않은 영어환경을 구축할 수 있다고. 어쨌든 당시의 공부를 떠올리면 지금도 기가 질릴 정도다. 어학은 그렇게 공부해봤자 소용없다는 주변의 만류에도 끝까지 해보기로 했다. 자신이 직접 해봐서 안 되는 것과 남들이 안 된다기에 처음부터 안 하는 것은 천지 차이니까. 다시는 이런 시간을 보낼 수 없을 만큼 뜨겁게 공부하기. 그것이 그녀의 모토였다. 사실 대학을 다닐 때까지만 해도 영어강사가 되리라고는 상상도 못 했다. 다른 평범한 여대생들과 마찬가지로 취업을 고민하며 하루에도 수십 통의 이력서를 제출하고 있었다. 막연히 금융권 취업을 동경하며 증권투자상담사 자격증을 취득하기도 했다. 당시 영어는 학점과 취업을 떠나 그녀의 심장을 뒤흔든 즐거움 그 자체였을 뿐이다.

하지만 목적지가 없으니 불안감은 컸다. 이것저것 손을 대며 노력은 하고 있으나 이정표를 잃으니 자주 흔들렸다. 중국행을 떠올린 것은 그즈음이었다. 영어만큼이나 다른 것도 배우고 싶은 생각이 절실했던 것이다. 간단한 인사말만 가능한 중국어 실력으로 그녀는 겁 없이 베이징행 비행기에 올랐다. 물론 그때는 몰랐다. 중국어를 이렇게 알차게, 오래 써먹게 될 줄은. 영어에 이어 또 다른 열정의 대상이 되어주며 시야를 넓혀줄 줄은. 다른 언어를 배우는 것에 대한 두려움, 나아가 배움 자체에 대한 두려움을 벗겨내 줄 줄은.

중국에서 1년을 보내고 뒤이어 곧바로 일본으로 떠났다. 기왕이면 동양권의 언어 하나를 더 배워두고 싶었다. 영어, 중국어에 이어 일본어까지 구사한다면 전 세계 어디든 자유로운 활보가 가능할 것 같았다. 언제나 문화와 언어의 경계선을 넘나드는 '탈지식인'을 꿈꿨는데 조금 근접해질 수도 있을 것 같았다. 지금 생각해도 그때의 열정과 에너지는 놀랍기만 하다. 온몸 구석구석에 공부를 향한 의지가 불타올랐던 것 같다. 사실 당시엔 어학을 공부라 여기기보다는 즐겁고 신 나는 놀이라고 여겼다.

일본에서 6개월을 보내고 서울에 돌아온 뒤부터 그녀는 본격적인 '공부인생'을 시작했다. 일단 남들에 휩싸여 마음에도 없는 직장생활을 하느니 강점을 살려 영어강사로 사회생활을 시작하기로 했다. 스스로 익힌 외국어 노하우를 다른 사람에게 알려주고 싶었고, 진정으로 좋아하는 일을 하고 싶었다. 무엇보다도 눈 뜨면 그날 하루가 기대되는 행복한 일을 하고 싶었다. 그 일이 외국어를 사용하는 일임을 지구를 반 바퀴쯤 돌아 깨달은 것이다. 물론 마흔을 넘겨도 깨닫지 못하는 사람이 많으니 수업료치고는 꽤 괜찮은 결과였다고 자위한다.

그녀의 공부이야기를 듣고 있으면 입이 떡 벌어질 정도다. 정작 본인은 20대를 회상하며 '죽도록 공부해도 절대 죽진 않아요.' 너스레를 떨지만 듣는 사람으로선 놀랍기만 하다. 고시생처럼 두문불출 공부만 해서 놀라운 게 아니라 공부를 향한 열정이 이 세상 누구보다 뜨거워서 놀랍다.

그녀는 남들 하나도 제대로 하기 힘든 외국어를 세 가지나 동시다발적으로 익히며 돈으로도 살 수 없는 귀한 노하우를 덤으로 얻었다.

목표와 시간과 용기, 삼중주 완성하기

자고로 외국어는 삼박자를 제대로 갖춰야 원활한 진입이 가능하다. 목표와 시간과 용기가 바로 그것이다.

목표는 당연히 해당 외국어 실력에 대한 목표를 말한다. 막연히 '올해 안에 영어 끝내기'라고 하지 말고 토익 700점이라는 구체적인 방향성을 가지라는 거다.

시간은 일단 두 가지 개념이다.

첫째, 시간 없다는 핑계를 댈 시간에 시간을 만들기. 그녀는 고등학교 때부터 '타임플랜'을 작성해왔다. 자신에게 주어진 하루 24시간을 1시간 단위로 쪼개어 완벽히 계획하고 통제하고 있다. 바쁜 현대인은 누구나 시간이 없다. 당신만 없는 게 절대로 아니다. 타임플랜을 작성하면 좋은 이유는 자투리 시간을 확보할 수 있게 도와준다는 점이다. 다시 말해 시간을 분석해서 시간을 벌어다 준다고 해야 할까? 임운희 씨는 이동 중 차 안에서 외국어를 청취한다. SNS로 외국인 친구들과 실시간 회화연습을 하고, 평소에는 EBS 라디오를 활용해 공짜 외국어 수업도 듣는다. 물론 이 모든 것들은 자투리 시간을 통해 이루어진다. 이렇게 공부하면 따로 시간을 확보하지 않아도 하루에 단어 20~30개는 충분히 암기할 수 있다.

둘째, 시간의 개념을 무너뜨려야 한다. 어찌 보면 앞의 말과 상반되는 얘기일 수도 있다. 사실 외국어는 '완성'의 개념이 없다. 모국어가 아닌 이상 언어는 잊어버리게 되고, 해마다 달마다 새로운 단어, 표현법이 등장하게 마련이다. 따라서 아예 시간을 염두에 두지 말고 평생 공부할 생각으로 마음을 비우라는 이야기다. 외국어와 아주 긴긴 연애를 하듯 그렇게 말이다.

용기란 실수를 인정하고 부끄러워하지 않는 **뻔뻔함**을 키우라는 거다. 그녀는 외국어를 배우는 시간만큼은 다른 사람의 가면을 쓴다. 단어를 틀리고, 발음이 어색하고, 문법이 뒤틀려도 신 나게 떠드는 거다. 그 과정이 없이는 발전도 없다고 확신한다. 아이가 언어를 배워가는 과정처럼, 단어부터 하나씩 사용하다가 문장을 이어나가는 것이다. 그렇게 수많은 시행착오를 겪다 보면 어느새 말이 완성된다. 따지고 보면 외국어를 배우는 과정은 어른이 되어가는 과정과 닮았다. 처음부터 완벽한 사람은 없다. 실수하고 넘어지며 고쳐가는 과정을 거쳐 나에게 적합한 공부법을 터득한 뒤 노력하는 것. 인생 역시 비슷하지 않나?

　막연히 '외국어를 사용하며 일할 수 있다면 행복하겠다'는 생각을 했던 여대생은 강사 입문 7년 후 영어강사라면 누구나 꿈꾼다는 메가스터디 강사가 되었다. 영어책 3권을 공동집필했고 현재는 온라인과 오프라인 수업을 병행하고 있다. 최근엔 '재능기부'의 하나로 30대 여자들의 공부를 돕고 싶어 '엄마표 영어공부' 수업을 만들었다. 커가는 아이들의 영어질문에 답해줄 수 있는 엄마가 되고 싶다는 동네 주부들의 이야기에 귀 기울여 만든 수업이다. 나눌 수 있는 재능이 있다니 콧노래가 절로 나온다. 그녀는 지금 많이 행복하다.

공부는
내면을 다스리는 힘

감성코치이자 라이프코치 김안숙 씨

그녀는 호기심을 자극하기에 충분했다. 새벽을 글을 읽거나 쓰는 성스러운 자신만의 시간으로 만드는 모습을 지켜보며 호기심은 배가 됐다. '꼭 한 번 만나봐야지'가 실현되던 날, 그 결심은 '반드시 친해져야지'로 바뀌어 있었다. 그녀의 자신감 넘치는 삶의 태도, 깊은 배려와 이해심을 가진 여자만이 취할 수 있는 화법, 부드러운 미소와 아름다운 몸매까지 모든 게 오래 눈길을 붙들었다. 간혹 기술적인 방법으로 관계를 맺는 여자들이 있으나 그녀는 날것 그대로 마음을 열고 다가와 주었다.

"우리 언니 동생 하자."

먼저 제안해준 것도 그녀였다. 안숙 씨, 애리 씨라는 호칭은 금세 언니 동생이 되었다. 사회생활을 5년 이상 해본 사람은 안다. 타인에게 스스럼없이 다가가 손을 내미는 일이 얼마나 어려운가를. 그것은 수심을 가늠할 수 없는 호수에 몸을 맡기는 것처럼 두렵기까지 한 일이다. 사회라는 기묘한 정글에서 부대끼다 보면 타인을 대하는 방식도 일정 프로그램화되게 마련이다. 그게 얼마나 잔인한 기술인지는 충분히 안다. 하지만 '떨어질 때의 추위와 붙으면 가시에 찔리는 아픔 사이를 반복하다가' 우리는 너무 가깝지도 멀지도 않은 거리를 유지하며 사람을 대하는 방법을 터득하기 마련이다. 하지만 그녀에게는 그런 무의식이 작용하지 않는 것 같았다. 친화력은 그녀의 가장 강력한 무기이자 재능이었다. 그 진정성으로 사업을 확장하고 영향력을 키워갔을 것이다.

30대 후반의 김안숙 씨는 대한항공 승무원으로 사회생활을 시작했다.

"겉보기와 달리 매우 치열한 일이죠."

매일의 시간이 엄청난 에너지가 있어야 하는 전투 같았다. 미소보다 중요한 것은 강인한 체력임을 첫 비행에서 절실히 깨달았다. 간절히 원하던 직업이었지만 시간이 지날수록 자신처럼 내면이 지친 동료들이 생각보다 너무 많다는 사실을 알게 됐다. 지치고 힘든 날도 애써 밝게 웃어야 한다는 것은 결코 쉬운 일이 아니었다. 그때부터 사람들의 마음을 어루만지는 무언가를 줄곧 생각하게 됐다. 물론 감성코치, 라이프코치가 되어 활동한 것은 그 후로도 한참 뒤의 일이다.

생소한 직업이니만큼 라이프코치에 대한 설명부터 해야 할 것 같다. 라이프코치란 말 그대로 더 잘 살고 싶은 이들을 위해 삶 전반을 코치해주는 사람을 말한다. 잠재력을 끌어내고, 성공 프로세스를 통해 목표에 다가가게 한다. 비전을 설정하고 성과를 관리한다. 이 밖에도 자존감 문제, 우울증, 악습, 콤플렉스 등을 함께 치유하고 개선해 나가는 일도 한다.

10년간 유니폼을 입고 전 세계를 누볐던 그녀는 어느 날 조용히 지상으로 내려왔다. 두 번째 인생을 준비하기 위해서다.

현재 그녀는 '승무원 감성코칭센터 S.W.E.E.T Coaching Center'라는 회사를 운영하며 해마다 500명 이상을 교육하고 훈련한다. 일대일 코칭부터 수백 명의 기업인을 대상으로 한 출강까지. 하늘을 누비듯 빌딩 숲 곳곳을 누비며 삶의 도약을 꿈꾸는 이들과 함께 그녀 삶의 '진짜 비상'을 이루고 있다.

자신과의 약속을 지키는 일은 가장 큰 공부이자 수련

그녀는 벌써 4년째 새벽 3시에 기상한다. 한 남자의 아내, 두 아이의 엄마이자 주말도 없이 일하는 워킹맘으로 정말 대단한 일이다. 파김치가 되어 집에 돌아와도 '새벽 기상'의 원칙을 고수한다. 그 이유는 대단한 게 아니다. 자신과의 약속을 지키고 싶어서다. 그녀는 기본 원칙의 중요성을 자주 떠올린다. 그리고 미련할 만치 우직하게 자신과의 약속을 지켜나간다.

"성공의 원칙은 거창한 데 있지 않아요. 어쩌면 유치원 때 선생님께서 해주신 말씀 속에 성공과 행복의 모든 원칙이 담겨 있는 것 같아요. 친구와 사이좋게 지내라, 어른들 말씀 잘 들어라, 일찍 일어나고 일찍 자라, 편식하지 말고 골고루 먹어라 등등….."

답은 '기본'에 있다는 그녀의 말에 전적으로 동의한다. 한 치 앞을 내다볼 수 없는 불확실성의 시대일수록 '기본'을 지키는 것이 핵심 생존 전략이 될 가능성이 높다. 하지만 이 당연하고 새롭지 못한 이야기를 실제로 해내기란 만만한 일이 아니다.

그녀는 매일 새벽 3시에 일어나 철저히 자신과 독대하는 시간을 가진다. 그 시간만큼은 남편도 아이들도, 친구나 고객도 침범할 수 없는 고유하고 신성한 영역이다. 그녀의 오랜 꿈 중 하나는 '예쁜 글을 쓰는 작가'가 되는 것이었다. 4년간 새벽 시간 일부를 글을 쓰고 책을 읽는 시간으로 가꾸었다. 그리고 그 노력의 결실로 책도 출간했다. 직업을 위한 공부도 새벽 시간에 이루어진다. 조용한 어둠 속에서 연필을 굴리는 짜릿함을 그녀는 벌써 4년째 맛보는 중이다. 그간 새벽 공부를 통해 한국코치협회 KPC자격증, 라이프 코치 자격증, CS 전문 강사 2급 자격증에 이어 리더십 자격증과 비서 양성과정까지 공부했다. 최근엔 철학과 명상을 집중적으로 공부하고 있다.

57만 명 이상이 방문한 그녀의 블로그에는 그녀의 새벽 공부, 비전, 자격증 취득과 직업현장일지 등이 빽빽하게 수록되어 있다. 직업이 코치이다 보니 사후관리가 중요한지라 SNS는 필수다. SNS도 꾸준히 해본 사람은 안다. 매일 새로운 글을 업데이트하고 관리하는 것도 상당 시간을 필요로 하는 일이다. 그녀는 하루 평균 3건의 글을 업데이트한다. 주로 블로그를 이용하다 보니 트위터나 페이스북처럼 5분 내로 뚝딱 써내려 갈 수 있는 단문도 아니다. 블로그 역시 4년 이상 하루도 빠짐없이 관리하며 일상과 공부를 기록하는 중이다. 꾸준함을 유지하는 것. 그것은 그녀의 핵심역량임이 분명하다.

그녀는 마음먹은 모든 일을 최소한 3년 이상 하루도 빠짐없이 한다. 좋은 작가가 되기 위해 글을 쓰는 일, 내면을 다스리고 치유할 글을 읽는 일, 새벽에 일어나 필요한 공부를 하는 일, 7천 명의 회원이 활동 중인 블로그와 카페를 운영하는 일, 앞날을 계획하고 자신의 브랜드를 강화하는 일, 새로운 프로그램을 개발하고 사업의 방향성을 점검하는 일. 그녀는 이 모든 것들을 4년간 하루도 빠짐없이 꾸준히 하고 있다. 모두가 잠든 새벽 3시부터 말이다.

지루함을 견뎌내는 훈련을 하세요!

"이미 서른을 통과한 인생선배로서 조언하자면, 아직 늦지 않았으니 서른부터라도 독서를 시작하라고 말하고 싶어요. 학습을 위한 독서도 좋지만, 무엇보다 자신의 의지를 지켜나갈 힘을 키우기 위한 독서요. 살다 보면 뜻하지 않은 어려움이나 고통이 올 수 있는데, 독서를 통해 내면을 다스리는 훈련이 된 사람은 좀 더 수월하게 위기를 극복할 수 있어요. 독서도 좋고 글쓰기도 좋아요. 내면의 풍랑을 잔잔히 해서 버티고 이겨낼 힘을 기를 수 있다면요."

독서가 필요한 이유는 내면을 다스릴 힘을 길러 위기에 극복할 수 있게 도와준다는 점도 있지만 지루함을 견디는 힘을 갖게 해준다는 점도 있다.

인생의 많은 변화는 대개 혼자 있는 시간에 이루어진다. 불타는 금요일 호프집에서 친구들과 맥주를 마시며 중대한 결단을 내리는 게 아니라 혼자 있는 고요하고 평온한 시간 가운데서 말이다. 그런데 많은 여자가 혼자 있는 시간을 못 견뎌 한다. 공부도 혼자 해야 하고, 사업도 결국 혼자 헤쳐가야 한다. 중대한 모든 결정이 혼자만의 시간에 결정된다. 그런 의미에서 마음을 차분히 하고 혼자 있는 시간의 지루함을 견디는 힘을 갖는 것은 무시 못 할 능력을 갖추는 것이다. 독서는 지루함을 견뎌내는 훈련을 하기에 가장 좋은 도구다. 명상이 부담스럽다면 독서부터 시작해 내면을 평화롭게 유지하라고 권하고 싶다.

"재미있게도 대학을 졸업하고 저의 진짜 공부가 시작되었어요. 고3 시절처럼 밤새워 공부하는 일도 잦아졌죠. 금요일 저녁 술자리의 유혹을 꾹 눌러 참고 책상에 앉아 공부하다 동이 터오는 순간을 맞이하는 일 그거 해본 사람만 알아요. 얼마나 벅차고 뿌듯한지."

그녀의 인생 목표는 '돈 많이 벌기'나 '유명해지기'처럼 일차원적인 것이 아니다. 오랫동안 내면 공부를 한 '고수' 답게 그녀의 인생 좌우명은 철학적이고 심오하다.

경청, 공감, 리더십을 갖춘 여자가 되기!

어쩌면 그녀는 이미 목표를 이룬 것 같다. 작은 목소리에도 귀 기울여 도움의 손길을 건네주고, 타인의 어려움과 아픔에 진정으로 마음 아파하며 기도해준다. 마지막으로 부드러운 그녀만의 카리스마로 수많은 여성에게 롤모델이고 멘토이자 인생코치가 되어 주고 있으니 말이다.

50세가 되고 60세가 되어도 그녀는 늘 그 자리에서 열심히 공부하고 타인을 돕는 자신의 꿈을 이루며 살 것 같다.

꿈,
조금 늦어도 괜찮아

요리사이자 소믈리에 최해숙 씨

대체 그런 용기는 어디서 어떻게 생기는 걸까? 간혹 그런 여자들을 만난다. 같은 일에 50번쯤 실패했는데도 여전히 그 일에 도전 중인 여자, 상처를 정면으로 응시하고 제 손으로 꿰매는 것도 모자라 그것을 발판으로 다시 일어서는 여자, 10%의 성공 가능성을 희망 삼고 꿋꿋이 갈 길을 가는 여자, 현실을 재고 따지는 대신 몸을 던져 직접 체험한 뒤 판단하는 여자. 지금 소개하려는 최해숙 씨는 그런 사람이다. 그녀가 35세에 안정된 직장과 경력을 버리고 유학길에 올랐을 때 그녀를 지지한 사람은 아무도 없었다. 친한 친구들조차 현실의 손익계산서를 들이밀며 대놓고 그녀를 걱정하고 반대했다. 누가 봐도 손해가 보이는 '밑지는 장사'인 것은 그녀도 인정했다. 사회적 성취의 측면에서 그렇다는 이야기다. '꿈의 성취'를 위해서 그녀는 떠나야 했다. 35세든 45세든 상관없었다. 몇 살에 시작하느냐는 그녀에게 중요하지 않았다. 그렇게 그녀는 '안정'이란 단어와 친해져야 할 30대 중반에 모든 것을 처음부터 다시 시작하겠다고 마음먹었다. 꿈꾸는 일을 20대의 특권으로만 남기고 싶지 않았다. 그때 시작하지 않는다면 45세에 또 고민하고 후회할 일이었기 때문이다.

올해로 40대 중반이 된 최해숙 씨는 35세의 선택이 얼마나 탁월했는가를 매일 느끼며 살고 있다. 인생은 생각보다 너무 길었다. 아직도 그녀 앞에 놓인 수많은 가능성의 길을 떠올리면 행복하다. 여전히 꿈꾸기에 늦지 않은 나이라는 것도 잘 알고 있다. 꿈을 유보하는 것만큼 밑지는 장사는 없다는 것 역시 온몸으로 깨달았다.

35세의 이탈리아 유학, 왕복 8시간의 통학

그녀는 LG화학에서 인테리어 소재 디자이너로 6년 반을 일했다. 많은 여대생이 선망하는 대기업 커리어우먼으로 능력을 인정받으며 정말 열심히 일했다. 매일 아침 말끔한 원피스 정장을 갖춰 입고 아메리카노를 마시며 회의를 진행하거나 이메일을 체크하며 하루를 열었다. 그녀 역시 이런 삶을 원해왔다. 높은 보수, 안정된 직장, 탄탄한 복리후생, 그녀는 세계 곳곳으로 출장을 다니고 휴가 때면 친구들과 해외로 쇼핑을 가거나 유명 미쉘린 레스토랑을 방문하곤 했다. 누구나 선망하는 화려한 골드미스. 그녀의 삶은 빈틈없이 잘 짜인 연극무대 같았다.

그런데 언제부터였을까? 인생이 현실성을 잃기 시작했다. 여기가 아닌 다른 세계로 떠나야만 할 것 같은 강한 충동을 느꼈다. 진짜 내 삶은 다른 곳에서 다른 모습으로 펼쳐져야 할 것 같은 묘한 울렁거림이 그녀의 하루하루를 지배했다. 사표를 제출하기까지는 그리 오랜 시간이 걸리지 않았다. '다른 삶을 살고 싶다'는 열광이 시작되고 얼마 후의 일이었다. 그녀는 출장길로 밟아본 것이 전부인 이탈리아 피에몬테^{Piemonte} 지방의 아스티^{Asti}로 떠났고 그곳에서 아주 새로운 두 번째 인생을 시작하게 됐다. 연관성이라곤 눈을 씻고 찾아봐도 찾을 수 없는 직업. 디자이너에서 요리사이자 소믈리에로 말이다. 사무실에서 펜대를 굴리던 커리어우먼에서 주방기구를 만지며 밀가루를 뒤집어쓰는 요리사로 변신한 것이다.

"이탈리아어에 능통하지 않은 상태로 무작정 유학을 떠났어요. 이탈리아어를 완벽히 끝내고 떠나기엔 마음이 너무 조급했죠. 일단은 수업이 영어로 진행되니 어떻게든 되겠지 싶었어요. 모든 상황이 완벽히 세팅되는 경우는 없지 않나요? 50%만 갖춰져도 나머지는 직접 부딪치며 해나가는 거죠. 상황을 분석하면 핑계는 끝도 없어져요. 나이도 걸리고, 돈도 걸리고, 안전도 걸리고 심지어 외로움까지 걸리죠."

그녀는 이탈리아 ICIF$^{Italian\ Culinary\ Institute\ For\ Foreigners}$ 요리학교에 다니며 요

리를 배우고 이탈리아어를 함께 배워나갔다. 수업시간엔 영어통역이 따로 있긴 했지만, 문제는 실습이었다. 동양인이 배우기에 난해하기로 유명한 이탈리아어였지만 실습을 위해선 당장 시급했다.

"사실 그렇게 힘들 줄 알았더라면 엄두도 못 냈을 것 같아요."

그녀는 유학생활을 '인생에 다시없을 노력'의 시간으로 일컬었다. 업무 강도 높기로 유명한 대기업에서도 일 많이 하기로 유명했던 잔뼈 굵은 그녀도 유학시절을 떠올리면 놀랍기만하다. 낮에는 온통 요리수업과 실습으로, 밤에는 이탈리아어와 영어사전을 펼쳐놓고 모르는 단어를 100개씩 찾아가며 암기했다. 매일 아침 '마치 서울에서 밤새워 야근하듯' 파김치가 되었지만, 이상했다. 몸은 피곤해 쓰러질 것 같아도 마음만은 행복과 만족으로 부풀어 올랐다. 학교, 실습, 공부, 다시 학교, 실습… 어쩌면 서울에서 하던 직장생활보다 더 단조로운 일상의 연속이었지만 날마다 새로웠다.

와인 소믈리에 과정을 배울 때는 국경에 인접한 학교로 매일 8시간을 통학해야 했다. 차로 왕복 8시간 거리가 아니라 차를 타고 가다가 내려서 보트를 타고, 다시 케이블카를 갈아타고, 그것도 모자라 기차를 타고 가야 닿을 수 있는 학교였다. 말 그대로 산 넘고 물 건너 와인 소믈리에 과정을 배우러 다녔다. 수업을 마치고 돌아오면 하루가 다 지나 있었다.

간혹 내가 뭣 때문에 이 나이에 이 먼 곳에서 고생하는지 후회하지 않았다면 거짓말이다. 한국으로 돌아가도 제대로 취업이나 할 수 있을지, 나를 찾아주는 곳이 과연 있을지 정해진 것은 아무것도 없었다. 서울에서 누렸던

생활과 두고 온 많은 것들이 밤새워 자신을 붙들었던 적도 있다. 하지만 다시 날이 밝아오면 이런 열정의 시간을 보낼 수 있다는 사실이 가장 큰 사치라는 생각만이 남았다.

"인생은 42.195km의 긴 마라톤 경기 같다고 생각해요. 단거리 경주처럼 처음부터 속력만 높인다면 금방 지쳐버리기 마련이죠. 자신만의 페이스를 유지해 달리는 법을 배운다면 나이, 학벌, 경력 이런 것들이 별로 두렵지 않게 돼요. 오히려 그런 것들에 의기소침했던 자신에게 미안해지죠. 나는 지금 내 몸의 균형에 맞게 잘 달리고 있는지를 체크하세요. 조금 늦게 출발해도 괜찮아요."

안정된 모든 것을 버리고 일생일대의 과감한 도전으로 삶을 뒤바꾼 최해숙 씨. 그녀는 현재 건국대학교 와인학 석사과정 겸임교수이자, 와인나라 아카데미 강사로 일하며 소믈리에를 꿈꾸는 사람들을 가르치고 있다. 처음 유학을 떠날 당시 그리던 자신의 모습과 완벽히 일치하는 현실을 갖게 된 것이다.

공부는 현재 진행형, 꿈은 영원한 미제

유학시절만큼은 아니지만, 유학 이후에도 공부의 끈은 한 번도 놓지 않았다. 물론 앞으로도 놓지 않을 예정이다. 그녀는 가르치는 선생님이자 배우는 학생이다. 요리와 와인에 대한 전문지식은 자연히 요식업 전반에 관한 지식으로 확장됐고, 요식업은 다시 관광학으로 옮겨왔다. 그녀는 눈코 뜰 새 없이 바쁜 와중에도 3년 전부터 다시 학생으로 돌아갔다. 호텔 관광경영학 박사과정에 진학한 것이다. 현재는 논문만을 남겨둔 상태다. 많은 여자에게 한 번쯤 미친 듯이 공부에만 몰입하는 시간을 가져보라고 권유하는 것도 그런 이유에서다. 유학생활 치열하게 공부한 습관은 10년이 지나도 쉽게 사라지지 않았다. 큰 파도가 일고 잔파도가 몰려오듯이 계속해서 그녀 곁을 서성이며 공부를 부채질하고 있다. 실제로 그녀는 유학 이후에도 꾸준히 공부에 임해왔다. 이탈리아어 과외를 받고 영어 학원에 등록해 아침 수업을 받았다. 요리와 와인도 매일 책을 보며 깊이 공부한다. 그녀에게 공부는 언제나 현재 진행형이다. 반면 꿈은 영원한 미제라고 말한다. 완성이 아니라 미제라는 것은 언제나 꿈꿀 여지를 남겨둔다는 의미이니까. 35세에 두 번째 삶을 위한 새로운 공부를 시작했듯 55세에는 세 번째 삶을 위한 새로운 공부를 시작하게 될지도 모른다.

"모든 게 결정되어 버리면 재미없잖아요. 미래를 위한 물음표를 남겨두는 것도 흥미진진할 것 같아요. 인생은 누구나가 처음이에요. 하루하루가 처음 걸어보는 길이죠. 어차피 누구나가 처음인 거 좀 더 당당하고 보폭을 넓혀 걸으라고 말해주고 싶어요."

그녀 앞에 놓인 세 번째, 네 번째 도전들이 기대된다. 그녀는 언제든 꿈을 꾸며 그것을 완성해 갈 것이고, 넘어지고 지치는 시기를 오히려 삶의 전환점으로 삼을 것이다.

미래를 만드는 방법들

교육컨설팅 전문가 조연심 씨

그녀는 20대 초반의 이른 나이에 결혼과 출산을 경험했다. 아이를 낳고 살림만 하다가 얻은 첫 직장은 YBM시사 주니어라는 학습지 회사였다. 나이는 이미 서른이었고 그때까지 직장 경력은 전무했다. 영어교육학과를 졸업했으니 당연히 전공과 관련된 일을 찾아야 하는 줄 알았을 만큼 순진했고 필요한 정보에 두지했다. 누군가의 아내, 엄마로만 살던 그녀는 그렇게 학습지 교사로 처음 '조연심'이란 이름을 다시 얻었다. 접었던 그녀의 날개가 다시금 활짝 펴지던 순간이다.

그로부터 15년이 흐른 현재 그녀는 매니지먼트 전문회사 MU^{ManageU}의 대표로서 국내 우수의 기업과 지자체, 대학, CEO, 프리랜서를 대상으로 브랜드 컨설팅과 강의를 진행하고 있다. 지식소통가라는 타이틀로 책을 출간하고 칼럼도 연재한다. 〈북TV365〉라는 온·오프라인 북 토크 콘서트를 기획하고 진행하는 방송인이기도 하다. 그야말로 일인다역을 멋지게 해내고 있다. 무엇보다도 그녀는 사회에 첫발을 내디딜 당시 스스로와 세웠던 약속을 무서우리만치 철저하게 지켜내고 있다. 그것은 바로 '매년 이력서를 새롭게 업그레이드하기'이다. 그녀의 이력서가 전 년과 같은 적은 단 한 번도 없다. 새로운 공부든 새로운 사업이든 그녀의 이력은 해마다 늘어가고 있다.

살아있는 동안 계속 성장하기

그녀는 확실한 소명을 갖고 살아가는 사람이다. 사실 명확한 비전이나 삶의 소명을 가지고 살아가는 사람은 생각보다 많지 않다. 나는 세 번째 만남에서 그녀의 확실한 소명을 전해 들으며 신선한 충격을 받았다. 그것은 휘둘리지 않는 가치관을 가지고 어떤 상황에서도 그녀를 지켜주는 이정표가 있다는 의미였다.

그녀는 다른 사람에게 비전을 제시하고 단점을 강점으로 바꾸어 주며, 혼자만 잘 먹고 잘사는 인생이 아닌 다 함께 성장하고 성공하는 '더불어 인생'을 꿈꾼다.

아무리 돈을 많이 벌어도 스트레스를 왕창 받으며 억지로 하는 일은 사절, 자신이 가장 잘하고 좋아하는 분야에서 기쁘게 일하며 땀 흘리고자 한다. 그녀의 언어를 빌리자면 '황금 씨앗을 심고 (즉, 풍성한 열매를 거둘 수 있게 도우며), 비를 만들고 (즉. 의미 있고 가치 있는 일을 발굴하고), 행복한 여행을 통해 꿈을 만드는 사람'이 되고자 하는 소명을 갖고 있다.

알다시피 위대한 기업에도 소명이 있다. 훌륭한 전략가는 가장 먼저 성공을 위한 비전을 세운다. 기업의 패망은 때론 리더가 적재적소에 소명을 제시했느냐 아니냐로 판가름난다.

새로운 일을 시작하기에 전에 그녀처럼 소명, 즉 큰 그림을 그리는 일을 반드시 해보길 바란다. MBA 진학을 앞두고 있다면 시작에 앞서 스스로 비전을 제시하는 것이다. 예를 들면 이렇다.

1. 나는 20년 뒤 글로벌 CEO가 되어 세계를 무대로 일할 것이다.
2. 이 곳을 통해 만난 인연을 소중히 여겨 함께 꿈꾸고 성장해 갈 것이다.
3. 하고 싶은 공부를 마음껏 하는 특혜 받은 사람으로서 장차 수입의 10%를 사회를 위해 쓰겠다.

목표와 소명은 다르다. 목표가 행동을 통제한다면 소명은 핵심가치를 설정한다. 목표를 갑자기 바꾸어야 할 상황이 와도 신속하고 올바른 의사결정을 하도록 도와주는 게 바로 소명, 비전이다.

그녀는 소명에 따라 큰 윤곽을 그리며 하루하루를 산다.

먼저 그녀는 '원데이 원칼럼'을 실천 중이다. 말 그대로 하루에 한 가지 주제로 칼럼을 작성하는 것이다. 이건 돈을 받고 하는 일도 아니고, 성과가 당장 눈에 보이는 것도 아니다. 꾸준히 유지하기가 굉장히 힘들다는 뜻이다. 그럼에도 벌써 5년째 이 일을 하루도 빠짐없이 하고 있다. 칼럼을 바탕으로 5권의 책도 출간했다. 여성자기계발서, 퍼스널브랜딩 관련 경제경영서 등 분야도 다양하다.

"직장을 나와 홀로서기를 한 후 처음 책을 낼 때 1년에 한 권씩 책을 내겠다는 목표가 있었어요. 목표대로 한 해도 거르지 않고 책을 써왔어요. 다음 목표는 드라마 작가나 시나리오 작가가 되는 거예요. 글을 쓰는 것만큼 저를 기쁘고 행복하게 해주는 일이 없거든요. 『빅피처』, 『템테이션』을 쓴 더글러스 케네디라는 작가 아시죠? 언젠가 '한국의 더글러스 케네디'가 되는 것이 목표예요."

그래서 최근엔 시나리오 작법을 공부 중이다. 영화나 드라마도 열심히 본다. 그냥 보는 것이 아니라 인물캐릭터나 갈등구조를 분석하며 본다.

국내에도 꽤 두터운 팬층을 지닌 프랑스 작가 베르나르 베르베르는 창의력의 원천을 다름 아닌 '매일 같은 시간에 같은 일을 하는 것'이라고 밝혔다. 그는 30년간 매일 10페이지 분량의 글을 쓴다고 한다. 소설가 스티븐 킹도 비슷하다. 그는 30년 이상 하루 10페이지, 낱말로는 2천 단어를 쓴다. 하루도 빠짐없이 매일같이 말이다. 그들은 목표를 달성하기 전까지 서재의 문을 열지 않고 자신의 맹세를 지켜간다고 말했다. 그에는 턱없이 못 미치지만 조연심 씨 역시 규칙적인 습관이 가져다주는 기쁨과 성취감을 잘 알고 있다.

날마다 한 가지 주제를 정해 글을 쓰는 훈련은 지금의 그녀를 있게 한 일등공신이 분명하다. 테마를 놓고 글을 쓰려면 먼저 관련 정보를 모으는 일부터 시작되는데 그게 전부 공부가 된다. 대학 시절 제출하던 리포터를 조금 간소화해 매일 쓴다고 생각하면 된다. 관련 주제에 대해 깊이 알게 됨은 물론이다.

소명에 따른 그녀의 두 번째 공부는 바로 '사람 공부'다. 30대의 그녀는 일보다 사람에 서툴렀다고 고백한다. 여기서 그녀가 말하는 사람 공부란 인맥 확장만을 의미하는 게 아니다. 좋은 관계를 맺고 그것을 유지하는 법, 협업하며 함께 꿈을 나누는 것, 성격이 맞지 않고 싫은 사람과도 지혜롭게 공존하는 법 등이 전부 포함된다. 여자들은 대체로 인간관계에 서툴다. 서툴다는 것이 사람을 잘 사귀지 못한다는 의미가 아니라 마음 가는 대로 편안하게 관계를 맺는다는 뜻이다. 자신을 도와주고 칭찬하는 사람은 좋은 사람, 꾸짖고 잘못을 지적하는 사람은 나쁜 사람이라 양분하고 내 편 네 편 가르기도 자주 한다. 둘만 모이면 제삼자를 흉보기도 하고 상사를 함께 욕하는 것이 좋은 동료라고 여기기도 한다. 이 모든 행위가 사소하지만 결정적으로 여자의 성공을 가로막는 행위다.

30대의 그녀는 무작정 남을 도와주는 것이 그 사람을 위해 가장 좋은 일이라고 여겼다. 그래서 자신의 꿈과 무관하게 타인의 꿈을 위해서만 질질 끌려다니기도 했다. 한동안 남들 꿈의 들러리로만 살아왔다.

"거절하는 법을 배우는 것이 어려운 영어단어 100개를 아는 것보다 훨씬 중요한 공부예요. 도움을 요청하고 도움을 주는 법을 익히는 게 경영학 학위보다 중요할 걸요? 사람 공부는 눈에 보이는 공부가 아니에요. 그래서 내가 지금 잘하고 있는지 못하고 있는지 판단이 어렵죠. 잘하는 방법은 딱 게 없어요. 반복 학습처럼 계속 사람과 어울리고 부대끼며 함께 일하고, 비전을 공유하고, 의견을 교환하고, 위기의 순간을 지혜롭게 헤쳐가고, 싸우더라도 현명하게 싸우고 먼저 화해의 손을 내밀 수 있는 용기를 키우는 것. 이게 전부 어마어마한 공부죠. 그렇다면 사람 공부가 좋은 성적을 거두고 있는지는 어떻게 아느냐고요? 자신의 꿈을 이루면서 남의 꿈을 이루는 일에도 도움을 줄 수 있을 때가 진정으로 성공한 순간이죠."

미래를 준비하는 최고의 방법은 지금 하는 일을 잘하는 것

그녀는 친구들이 취업준비에 열을 올리며 사회생활을 시작하던 시기에 전업주부 생활을 한 경험이 있다. 그 시절을 후회하는 것은 아니지만 '엄마' '아내'로서의 미래만 보일 뿐 정작 '나 자신'의 미래는 깜깜했다고 표현한다. 물론 사회에 첫발을 내딛자마자 '짠'하고 빛이 몰려오는 것은 아니었다. 학습지 교사, 영어 홈스쿨 지국장, 홍보대행사 직원, 컨설팅 회사 직원 등 지금의 주인공 자리를 얻기 위해 꽤 긴 단역과 조연 시절을 겪어야 했다. 누구나 처음부터 주인공 자리를 꿰찰 수는 없다. 엑스트라에서부터 차근차근 준비해야 오디션 기회가 주어지는 법이다. 그래서 그녀가 거쳐 간 수많은 단역은 전부 특별하다. 그걸 통해 인내심, 성실성, 꼼꼼함, 책임감 등을 배웠기 때문이다.

"미래를 준비하는 공부요? 저는 조금 다른 관점에서 봐요. 예를 들어 내일 어떤 분야에서 최고가 되고 싶다면 오늘 몸 담근 분야에서 최고의 자리에 올라봐야 한다고 생각해요. 저는 학습지 교사를 할 때도 '이건 내 꿈이 아니었어'란 생각보다 '이 자리에서 올라갈 수 있는 최고까지 올라가 봐야지' 다짐했어요. 그게 다음 스텝을 위한 최상의 준비라고 생각했거든요. 실제로 최단기간 최고 연봉을 받았고 최연소 지국장이 되었어요. 지금 회사를 시작할 때도 마찬가지예요. 기왕이면 이 분야에서 최고 컨설팅 비용을 받는 전문가가 되어봐야겠다고 생각했죠. 지금 하고 있는 일에서 인정을 못 받는다면 다른 분야에서도 두각을 드러내긴 힘들어요. 세상이 그렇게 호락호락하지 않거든요. 지금 다니는 회사는 대충 다니고 5년 후에 내 사업 준비나 하자, 라는 마음가짐으로 창업에 성공한 사람은 한 명도 못 봤어요. 결론은, 미래에 대처하고 준비하고 싶으시다면 지금 자리에서 올라갈 수 있는 최고까지 올라가 보세요. 상상도 못 할 많은 것들을 배우실 겁니다."

늦은 나이에 학습지 교사로 사회에 첫발을 내디뎠던 조연심 씨는 지금은 자신이 좋아하는 일들로만 하루를 채우고 있다. 재래시장 상인을 대상으로 처음 서비스강의를 진행했으나 현재는 대기업, 대학교, 연구소 등 국내 유수의 기업과 단체에서 브랜드 컨설팅을 제공한다. 처음 목표대로 1년에 한 권씩 꾸준히 책을 쓰며 해마다 이력서를 업그레이드하고 있다. 분 단위로 스케줄을 잡을 만큼 바쁜 일정 속에서도 매일 책을 읽고 다른 분야의 사람들과 모임을 한다. 최근엔 여성가족부와 함께 여대생, 여성 직장인, 여성 전문가를 대상으로 토크쇼도 만들었다. 세상을 움직이는 영향력의 중심에 함께 하고 싶다는 그녀. 그녀의 열정과 에너지가 더 많은 여성에게 전염되었으면 좋겠다.

혼자인 시간을 즐기는
가장 탁월한 방법은 공부

아동·청소년문학가 이금이 씨

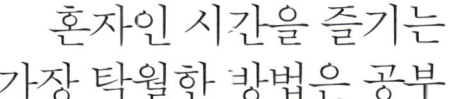

그녀의 이름을 처음 접한 것은 소설 『유진과 유진』을 통해서다. 어느 날 주변 사람들이 작당 모의를 한 듯 『유진과 유진』을 추천하기 시작했다. 그즈음 언론을 통해서도 소설의 이야기가 자주 오르내렸다. 호기심은 함께 일하는 출판사 대표님의 추천에서 마침내 폭발하기에 이르렀다. 나는 그 길로 서점에서 『유진과 유진』을 사서 읽었다. 예쁜 제목과는 달리 아동 성폭력이라는 묵직한 주제를 다룬 청소년 성장소설이었다. 아픔을 겪은 두 소녀의 특별한 내면세계를 너무도 섬세하고 부드럽게 어루만진 소설이었다. '책 좀 읽는다는' 지인들의 강력한 추천과 언론의 찬사가 아깝지 않았다. 책을 덮으며 '이런 글을 쓰는 작가는 과연 어떤 사람일까?' 만나보고 싶은 마음이 파도처럼 출렁였다.

　그녀가 정식으로 문학수업을 받은 적이 단 한 번도 없으며, 혼자만의 공부와 습작으로 대한민국 최고의 아동문학가가 되었다는 사실을 안 것은 그 이후의 일이다. '한번 만나보고 싶은 마음'은 '반드시 만나야 한다'는 의무감과 사명감으로 불타올랐다. 그녀라면 성장, 노력, 성공, 열정이라는 테마를 다른 시각으로 제시하고 해석해줄 수 있을 것 같았다. 그녀와 함께 우리 여자들만의 이야기, 특히 30대 여자라는 이 '험난한 통로'를 통과하는 지혜를 엿들을 수 있을 것 같았다.

나를 둘러싼 세상 모든 것이 공부

이금이 작가. 그녀는 1985년 소년 중앙 문학상을 시작으로 1987년 계몽사 아동 문학상, 2007년 제39회 소천아동문학상, 2012년 제8회 윤석중 문학상에 이르기까지 대한민국 최고 권위의 문학상이란 문학상은 전부 휩쓴 저력의 작가다. 1984년 새벗 신인문학상에 당선되어 등단한 뒤 독자와 평단의 사랑을 고루 받으며 평생 '아동·청소년 문학'이라는 외길을 걸어온 사람이다. 한 마디로 전 세계 상위 1% 행운의 소유자라 할 수 있겠다. 왜냐고? 좋아하는 일이 곧 자신의 재능인 것, 그 재능을 살려 인정받고 명예를 얻는 것, 마지막으로 좋아하고 잘하는 일을 거침없이 평생 할 수 있는 것! 이게 행운이 아니고 대체 뭐란 말인가? 서른이 훌쩍 넘어서까지 재능과 자질을 발견하고자 고군분투하며, 가까스로 발견한 일이 병아리 눈물만큼도 타인의 인정을 받지 못하는 것을 숱하게 봐온 우리로서는 그녀의 인생이 부럽기만 하다.

　내가 상상한 그녀의 하루는 이러했다. 남편을 출근시키고 두 아이를 학교에 보낸 뒤 볕이 환한 서재에서 아메리카노 한 잔을 마시며 노트북을 켠다. 고요하고 평화로운 하루의 시작이다. 오전 내 커피 향을 음미하며 우아하게 품위 있게 자판을 두드린다. 누구의 방해도 없이, 시간과 공간의 제약도 없이 언제 어디서든 일을 하며 점심때는 친구들과 집 앞 카페에서 맛있는 브런치를 즐긴다. 와우!

　물론 내 상상 속 '그녀의 하루'는 말 그대로 상상에 불과했다. 그녀는 고등학교 때부터 습작했다. 그 촐랑대는 나이에 벌써 소설을 썼다니. 어쩌면 작가로 타고 태어났다고 해도 과언이 아니다. 매일 읽고 쓰는 삶을 벌써 30년 이상 하루도 빠짐없이 지속하고 있다. 또한 작가라는 숙명을 안고 잠시도 쉼 없이 작품의 소재를 찾는다. 의식적으로 찾아 헤매는 것이 아니라 무의식적으로 모든 감각기관을 작품의 소재를 향해 열어놓는다. 작가라는 직업은 엄연한 '1인 기업'이다. 혼자서 모든 것을 기획, 생산, 마무리 공정까지 해야 하는 '무한책임회사'의 대표다. 당연히 우아하게 커피 마시고 브런치를 즐기며 작업에 임하는 작가는 없다. 글자 하나, 문단 하나에 전부를 건다. 전부, 말 그대로 모든 시간과 열정과 에너지와 노하우와 지혜와 피땀을.

그녀는 끝없이 '왜?'라는 질문을 던지며 산다고 이야기한다. 말하자면 작가로서의 직업병인 셈이다.

"발상의 전환이라는 말 있잖아요. 익숙한 것들을 새로운 생각과 시선으로 바라보는 훈련을 해보세요. 지금까지와는 전혀 다르게 보일 거예요. 이런 습관이 세상을, 그리고 우리를 둘러싼 세계를 새롭게 인식하는 데 도움을 준답니다. 공부는 끝없는 '왜'의 연속이잖아요. 그런 의미에서 관심을 두고 주변을 깊이 있게 응시하는 것은 많은 공부가 됩니다. 그리고 작가에게는 한 인간이나 사건의 표면보다는 이면을 살펴보는 게 반드시 필요해요. 저는 이런 습관 덕에 지금껏 꾸준히 작품을 쓰고 있는 것 같아요."

그녀에겐 세상 모든 것이 작품의 소재이자 공부다. 작가에겐 개인적인 성장이 곧 업무 스킬을 강화하는 일이다. 회사로 따지자면 진급을 위한 준비과정이 작가에겐 더 많은 것을 보고 느끼며 듣는 일이다.

"그래서 여행을 좋아해요. 여행지라는 낯선 장소뿐 아니라 떠난다는 행위 자체를 좋아하죠. 혼자 여행도 몇 번 해봤는데 저에겐 잘 안 맞는 것 같아요. 풍광의 아름다움과 여행의 즐거움을 공유할 사람이 없으니까 재미가 덜하더라고요. 언제부턴가 여행의 목적지만큼이나 구성원이 중요해졌어요. 올 7월 초에는 문우들과 함께 시베리아 횡단 열차 타고 바이칼 호수에 다녀올 계획입니다."

그녀는 말한다. 작가란 자신의 상처마저 보듬고 사랑하게 되는 직업이라고. 모든 경험이 작품의 소중한 자양분이 되는 직업이라고.

삶이 곧 공부라는 그녀의 이야기는 충분히 자극적이고 신선했다. 지금껏 만난 다른 '공부하는 그녀들'처럼 이금이 작가 역시 공부의 의미를 폭넓게 해석하고 있었다. 스펙을 쌓고 취업을 하고 승진을 위한 공부가 아닌 평생을 두고 삶을 서서히 성장시키는 행위를 공부라 정의한 것이다.

인간은 죽을 때까지 배워야!

그녀는 고등학교를 졸업한 뒤 대학에 진학하지 못했다. 대신 꿈을 위한 글을 썼다. 그 시간은 그녀에게 어떤 모습으로 기억될까? 그녀는 확고한 꿈을 위해 흔들림 없이 자신을 믿고, 사랑하고, 거침없이 나아간 용감한 사람이다. 다른 길을 모색하며 계속 곁눈질하고, 실패한다고 주저하고 무너지지 않았다. 스물넷이란 이른 나이에 등단한 그녀지만 첫 도전에 승리를 맛본 것은 아니었다. 다른 작가들처럼 탈락의 고배도 맛보았다. 하지만 그녀는 좌절하며 방황하는 대신 더 큰 열정을 가지고 열심히 썼다.

"확고한 꿈을 가진 사람은 실패했다고 크게 낙담하지 않아요. 언젠간 될 거란 걸 믿는다고 해야 하나? 조급하거나 속상하지 않았어요. 평생 등단하지 못했다면 어땠을 것 같으냐고요? 그래도 저는 어떤 형태로든 글을 쓰고 있었을 거예요. 꿈이란 그런 거죠. 쉽게 타협하지 않아요. 그리고 끝내 실패한다 해도 도전을 즐긴 자신의 모습을 아끼고 사랑하는 거죠."

그녀는 고등학교를 졸업하고 대학입학 대신 소설을 쓰기 시작했다. 원고지 1200매짜리 장편소설이었다. 매일 방에 틀어박혀 쓰고, 읽고, 지우고, 다시 쓰는 시간 속에서 온전한 즐거움과 행복을 느꼈다. 20대 초반의 시간을 쏟아 부어 만든 그 작품을 응모했지만 당선이란 행운은 오지 않았다. 그래서 그녀가 실망하고 아파했을까? 다시 새로운 플롯을 구성하고 죽은 종이에 숨을 불어넣는 작업을 계속했다. 등단 이후 독자와 평단의 사랑이 혜성처럼 쏟아진 것도 물론 아니었다. 그래도 그녀는 변함없이 읽고 쓰는 일을 즐겼다.

"작가를 꿈꾸는 사람들에게 한 가지 조언하고 싶어요. 그건 어떤 작품이든 반드시 완성을 시켜보라는 거예요. 하나의 스토리를 인과 관계를 가진 플롯으로 발전시킨 다음, 작품으로 완성하는 훈련을 계속해야만 해요. 그래야 실력도 향상되고 그 과정에서 배우는 게 있게 돼요. 그리고 가장 중요한 건 그 일을 즐겨야 한다는 거예요."

이금이 작가는 덧붙여 설명한다. 세상 모든 공부가 마찬가지라고. 지리멸렬한 과정일지라도 마무리시켜 하나의 완성품으로 만드는 것이 중요하다고 말이다. 서른 살 여자의 공부가 실패하는 가장 큰 이유도 바로 이 때문임을 고려한다면 그녀의 충고는 정말 새겨들을 만하다.

"서른의 여자가 공부해야 하는 이유라. 글쎄요, 공부는 여자 남자를 떠나 인간이라면 죽을 때까지 해야 하는 일이라고 생각해요. 계속 가슴 뛰는 일을 찾아 나서며 살아야죠. 근데 그 가운데서도 여자가 공부해야 하는 이유를 굳이 꼽자면 두 가지예요. 첫째, 자신을 잃지 않기 위해서. 둘째, 혼자인 시간을 즐겁게 지내는 힘을 가지기 위해.

자신을 잃지 않는다는 건 엄마나 아내 역할 말고 나 누구누구의 삶을 위한 행복과 쾌락이죠. 결혼한 여자는 나이를 먹을수록 자신을 잃기가 쉬워요. 집안의 역할에 파묻혀 큐을 되돌아볼 여유를 찾기 힘들죠. 공부는 그럴 때일수록 필요한 일이라고 생각해요. 혼자인 시간을 즐겁게 지내는 힘을 갖는다는 건 어른의 필수과제예요. 나이를 먹을수록 혼자인 시간은 늘어날 테니까요. 혼자서도 좋은 결정을 내리고 혼자서도 씩씩하게 이 사회의 일원으로 살아가는 것. 이 역시 공부를 통해 가능한 일이죠."

그녀는 기회가 닿는 대로 전에 배웠던 유화를 계속할 계획이란다. 더 나이를 먹어서는 물감 냄새가 짙게 밴 그림 작업실에서 책도 쓰고 그림도 그리며 살 수 있지 않을까, 즐거운 상상을 해본다. 그림을 배워 자신이 쓴 작품에 표지도 직접 그려 넣는다면 이보다 행복한 작가가 또 있을까?

그녀는 알고 있다. 나이 들어도 자신을 가슴 뛰게 하는 일, 설레는 일을 찾는 게 중요하다는 것을. 그리고 더욱 중요한 것은 아무리 천직이라고 해서 그 일이 언제나 나를 행복하게만 해주는 것은 아니라는 사실이다. 때론 하고 싶은 일 30%를 위해 하기 싫은 일 70%를 견뎌내야 하는 것. 그걸 깨닫는다면 더 큰 발전과 성장이 있을 거라 믿는다. 서른의 여자에게 주고 싶은 마지막 메시지는 바로 이것이다.

그녀들의
꿈 꾸 는
공 부 법
4

마음의 나침반을
따라가야 한다

즐기는 여자, 행복한 여자는 절대 이길 수 없다. 한 해에 수십억을 버는 글로벌 사업가가 되고 월스트리트에서 가장 촉망받는 펀드매니저가 된다 해도 자신을 기쁘게 하지 못하는 성공은 물거품 같은 것이다.

인생에는 두 가지 목표가 있다고 한다. 욕망하는 것을 손에 넣는 일과 소유한 것을 즐기는 일이 그것이다. 그러나 오로지 현명한 사람만이 후자의 목표에 닿는다.

행복에 관한 가장 치명적인 오해는 '뭔가를 이루어내면 찾아오겠지'라는 기다림과 기대감이다. 공부를 끝내고 자격증을 취득하면 찾아올 거로 생각했던 '그 무엇'을 끝까지 기다려 본 경험이 있을 것이다. 학교를 졸업하고 취업만 끝내면 얻을 수 있을 거라 기대한 '그 무엇'이 끝내 자신을 배신한 적도 있을 것이다. 그러니 지금 하고 있는 공부를 최대한 즐기자. 나이 먹고 펜대 굴리는 이 운명을 격하게 아끼고 사랑해보자.

'때'는 바로 지금이다. 인생의 절정기는 지금, 바로 이 자리다. 그 점을 받아들이지 않는다면 우리에게 영원히 그 '때'란 찾아오지 않을 것이다. 우리는 언제나 뭔가를 공부하기에 너무 늦거나, 너무 빠르거나, 너무 가난하거나, 너무 시간이 없거나, 너무 바쁠 것이다.

성공과 자유를 위한 공부

이 세상에서 세상의 뜻을 따라 사는 일은 쉬운 일이다.
혼자의 세계에서 자신의 생각을 따라 사는 것은 쉬운 일이다.
그러나 진정 위대한 사람은 군중 속에서 독립된 개체로
즐겁게 살아가는 사람이다.
- 랄프 왈도 에머슨 「자율」

하버드의
늦깎이 공부벌레

꿈 전도사 하버드대학 박사 서진규

만약 그녀의 삶이 엘리트 코스를 차근차근 밟은 후 정해진 수순에 따라 하버드 대학에서 박사학위를 취득한 것이었다면 어땠을까? 감탄은 있어도 감동은 불러일으키지 못했을 것 같다. 그런데 그녀의 삶이 우여곡절을 백 번쯤 겪고, 천 번은 넘어진 뒤에 가까스로 몸을 일으켜 59세에 하버드 대학 박사학위를 취득한 것이라면 얘기가 달라진다. 이거 뭐지? 일단은 호기심과 자극이 고개를 내민다. 내 나이 서른. 열 번을 도전하고 실패해도 그녀 나이에는 못 미칠 것 같다. 스무 번쯤의 크고 작은 불행과 좌절이 뒤따른대도 마찬가지다. 재빨리 머릿속 계산기를 두드려본다. 충분히 승산이 있을 법하다. 그녀 인생의 궤적을 찬찬히 훑다 보면 '의무감의 성명서' 따위는 치워버리게 된다. 24세에는 취직에 골인해야 하고, 32세에는 결혼하여 가정을 꾸려야 하며, 35세~45세쯤에는 한 분야의 전문가로 성장해 있어야 한다는 성명서. 과연 누구와 비교해서? 서진규, 그녀는 29세에 '먹고 살기 위해' 미군에 입대했다. 찢어지게 가난한 생활을 피해 식모살이를 하러 미국 땅을 밟고 15년간 공부에 맺힌 한을 풀기 위해 6개 대학을 전전하며 학사학위를 받았다. 42세에 석사 과정에 입학했고, 44세에 박사 과정에 입학했다. 그리고 우리 나이로 환갑을 앞둔 59세에 박사학위를 취득하기에 이른다.

뒤늦은 공부는 열 배의 노력으로

『나는 희망의 증거가 되고 싶다』의 저자이자 '하버드 늦깎이 공부벌레'라는 애칭으로 유명한 서진규 박사는 가난한 엿장수의 딸로 태어났다. 유난히 남녀 차별이 심한 집안에서 천덕꾸러기 취급을 받으며 일찌감치 생활 전선에 뛰어들어야 했다. 그렇게 그녀는 가발공장 여공, 골프장 및 식당 종업원 등을 전전하다가 식모를 찾는다는 광고 하나를 보고 혈혈단신 미국 땅으로 건너갔다. 1971년. 그녀 나이 23세의 일이다. 이후 29세 나이에 미군에 자원입대한 것은 두 차례 사랑에 실패하고 가정폭력에 희생된 뒤였다.

어린 딸과 미국 땅에 단둘이 남은 그녀는 생존을 위해 미군에 입대한다. 그리고 그 후는 우리가 아는 대로다. 15년간 6개의 대학을 돌며 취득한 학사 학위, 40대에 시작한 하버드 석사 과정과 교수보다 많은 나이에 도전한 하버드 박사 학위, 그리고 박사학위를 취득하기까지 또다시 14년. 놀라운 것은 그녀가 인생의 나락에서도 절대로 배움의 끈을 놓지 않았다는 사실이다. 아니, 오히려 더 힘껏 움켜잡았다. 공부만이 현실을 바꿔줄 유일한 희망이자 기쁨이었기 때문이다.

그녀가 기대한 희망은 기대 이상으로 그녀 삶을 바꿔놓았다. 그녀의 이야기는 수십만의 독자를 울리며 스테디셀러로 자리매김했고, 그녀는 현재까지 전 세계를 돌아다니며 자신의 삶과 공부인생에 대해 2천 번 이상 강연했다.

서진규 박사의 삶의 모토는 말 그대로 '배움'이다. 단순한 시간 때우기용 배움이 아닌 꿈을 이루기 위한 처절한 배움. 배움을 향한 열정 앞에서는 그녀의 나이도, 환경도, 실력도 다른 어떤 요소도 무색하다. 어린 딸을 홀로 키우고 미군에 입대하여 직업군인으로 살던 시기에 그녀는 평생을 두고 펼쳐질 길고 긴 배움의 항해를 시작한다.

대학에 들어가서 그녀가 가장 먼저 한 일은 자신의 실력을 객관적인 눈으로 평가하는 것이었다. 이건 굉장히 중요한 문제다. 가혹한 평가는 한순간이지만 실력은 영원히 남는다. 찰나의 가혹함을 견디지 못하면 성장하기란 거의 불가능하다.

서진규 박사는 저서에서 무슨 일에 도전하기에 앞서 항상 세 가지 리스트를 작성한다고 말한다.

첫째, 나에게 꼭 필요한 것은 무엇인가.

둘째, 내가 가지고 있는 것은 무엇인가.

셋째, 나는 무엇을 준비해야 하는가.

이어 그녀는 이 세 가지 문제에 답할 수 있다면 현재의 자신을 정확히 파악하고 있는 것이라고 이야기한다. 나를 파악하고 나를 장악하는 것. 그것이야말로 희망의 성취 여부를 결정하는 최대의 관건이다.

그렇게 서진규 박사는 형편없는 영어 실력과 전혀 없는 기본기, 배경지식을 쓰리게 인정했다. 가장 취약한 것은 다름 아닌 '시간'이었다. 온종일 공부만 하는 학생들에 비해 시간이 턱없이 부족했다. 그러자 다음 스텝이 분명해졌다. 그녀는 공부하는 시간을 늘리기 위해 가장 먼저 잠을 줄이기로 했다. 그래도 시간은 부족하기만 했다. 이에 그녀는 자투리 시간을 적극 활용해 부족한 것들을 틈틈이 공부했다. 그녀만의 '자투리 시간 활용법'은 영어와 일본어를 마스터할 때에도, 석사학위에 이어 박사학위를 취득할 때에도 빛을 발하며 유용하게 쓰였다. 그녀는 길을 걸으면서도 단어를 외웠고, 지하철 등 이동시간에는 교과서를 예습 복습했다. 당시 그녀의 영어 실력은 교과서 한 장을 보는데 무려 6시간이 걸리는 수준이었다. 예습으로 단어를 찾고, 책의 여백이 모자랄 정도로 새까맣게 뜻을 적어놓았다. 늦은 공부이니만큼 남들 열 배의 노력을 기울여야 한다는 것이 그녀의 공부철학이었다.

잠을 줄이고 남는 시간을 통째로 공부에 쏟아 붓는 것은 끊임없이 자신을 설득해가는 과정일 것이다. 그녀는 꿈의 법칙을 너무나 잘 알고 있었다. 그것은 바로 '꿈은 이루어지기 전까지는 꿈꾸는 사람을 가혹하게 다룬다'는 것이다. 그녀는 아주 오랫동안 가혹한 시간 속에 자신을 밀어 넣었다. 공부에는 왕도도 없으며 요령도 소용없다는 것을 잘 알고 있었기 때문이다. 간혹 '3개월 영어 완성'이나 '6개월 초고속 회계실무 완성' 같은 '반짝'하는 문구들이 우리를 유혹할 때가 있다. 쉽게 이룬 공부는 쉽게 부서질 것이다. 철저히 노력에 비례하는 일, 그건 다이어트처럼 공부도 마찬가지다.

서진규 박사는 우직하고 정직하게 공부에 임했다. 어차피 평생 할 생각이었으니 조급하거나 서두를 필요는 없었다. 빨리 완성하는 것보다 중요한 것은 완성도를 높여가는 것이었으니까. 똑똑하다는 표현으로는 부족한 세계 최고의 하버드 학생들과 나란히 경쟁한다는 것은 자격지심과 열등의식을 느끼기에 충분했다. 그 틈새를 메우기 위해서는 미친 노력밖엔 없었다. 논문준비를 할 때 그녀는 무려 500여 권의 책을 읽었다. 필수로 해야 했던 일본어는 단기간에 실력을 늘려야만 했는데 이를 위해 말 그대로 24시간 일본어만 공부하기도 했다. 길을 걸을 때도, 식사할 때도, 심지어 샤워하면서도 일본어를 틀어놓고 문장을 연습했다. 물론 50세가 넘은 나이에 말이다. 그녀는 '열심히'라는 단어를 뛰어넘어 자신이 기울일 수 있는 최대치를 쏟아 부었다. 끝내 박사학위를 취득하지 못했어도 후회는 없었을 것 같다.

영원한 학생이자 꿈쟁이

서진규 박사는 무려 31년간 학생증을 갖고 살았다. 식모로 일하기 위해 미국을 방문한 다음 해부터 2006년까지 참으로 긴 세월이다. 물론 그녀의 공부는 중단되지 않았다. 단지 학교만 졸업했을 뿐이다. 1948년생. 우리 나이로 67세. 여전히 꿈을 꾼다. 이미 언론과 저서에 공개된 그녀의 마지막 꿈은 '미국 국무장관이 되는 것'이다. 궁극적으로는 남북통일에 도움이 되는 사람이 되고 싶다고 한다. 허황한 꿈이 아니냐고? 길을 닦아 놓는다면 자신이 아닌 후대의 누군가가 아시아인 최초로 미 국무장관이 되어 또 다른 '희망 전도사'로 활약할 것으로 믿는다. 그 역시 꿈의 완결일 것이다. 이민자 출신인 매들린 올브라이트와 콜린 파월 전 국무장관들이 해냈듯이 말이다.

그녀에게 '나이 든다는 것'은 경이로움의 연속이다. 지금껏 해보지 않은 전혀 새로운 공부이기도 하다. 두려움보다 설렘이 앞서는 것도 이 때문이다. 미국의 할머니 화가로 유명한 그랜마 모제스$^{Grandma\ Moses}$의 경우 평생을 그리니치 시골농장에서 살다가 남편이 죽은 뒤인 78세에 처음 그림을 그렸다. 그 나이에 무언가를 시작한다는 건 무의미하고 불필요한 일 같다고? 그녀는 101세로 생을 마감하기까지 무려 1,600점의 그림을 남겼고 대중의 사랑을 듬뿍 받았다. 그녀의 그림은 뉴욕의 메트로폴리탄 미술관, 파리 국립 근대 미술관과 모스크바 푸시킨 미술관 등에 전시되어 있다. 만약 그녀가 78세에 붓을 들지 않았다면 남은 30년의 생을 여전히 가난한 시골농장의 할머니로 살았을 것이다. 30년간의 풍요로움과 성취감, 행복과 황홀감은 영원히 경험하지 못했으리라. 서진규 박사도 마찬가지다. 67세에도 여전히 공부하고 꿈을 꾸는 것은 '나이'라는 편견의 덫에 걸리지 않기 위해서다. 지금껏 그것을 충분히 경험해봤다. 만약 남들이 비웃음을 걱정하며 42세에 석사과정에 도전하지 않았더라면 지금의 '하버드 박사' 서진규는 없었을 테니까.

독학으로
세계 최고 전문가가 되다

『로마인 이야기』 작가 시오노 나나미

총 15권의 시리즈로 구성된 『로마인 이야기』를 읽다 보면 이 엄청난 이야기를 엮은 저자에 대해 궁금증이 밀려오게 마련이다. 대체 얼마나 야심 차고 치밀하길래 이 방대한 역사를 풀어낼 작정을 했는지 그 마음가짐과 실천력이 놀랍기만 하다. 그녀의 또 다른 책 『십자군 이야기』는 총 3권으로 구성되어 있는데 이 역시 만만치 않다. 책은 인류 역사상 가장 오랜 기간인 200여 년 동안 치러진 전쟁이자, 세계 2대 종교가 격돌한 십자군 전쟁을 배경으로 하고 있다. 역사와 인간에 대한 깊이 있는 시각과 폭넓은 지식이 없다면 불가능한 작품이다. 『르네상스 이야기』, 『나의 친구 마키아벨리』, 『로마 멸망 이후의 지중해 세계』 등 그녀의 다른 작품 역시 마찬가지다. 하나같이 오랜 조사와 연구, 집필기간이 뒷받침되어야 쓸 수 있는 이야기들뿐이다. 그녀는 결코 쉬운 길을 가는 법이 없다.

혼자 하는 공부가 진짜 공부

냉철하고 이지적인 외모를 가진 작가 시오노 나나미는 1937년 일본 도쿄에서 태어났다. 훗날 그녀를 세계적 작가의 반열에 오르게 할 그리스, 로마 문명에 관한 지대한 관심은 비교적 일찍부터 싹텄다. 고교 시절『일리아드』를 읽은 그녀는 이 요술 같은 이야기에 단박에 매료된다. 심지어 가쿠슈인대학을 선택한 것도 그곳에 그리스 로마 시대를 가르치는 교수가 있었기 때문이다. 그러나 그녀의 놀라운 공부역사는 대학을 졸업한 이후부터 본격적인 길을 걷는다. 그녀는 자신의 인생을 뒤흔든『일리아드』의 고향 이탈리아로 건너가는 일생일대의 모험을 택한 것이다. 그리고 그곳의 어떤 교육기관이나 연구기관에도 적을 두지 않고 혼자서 고전 공부에 몰두하기 시작한다. 1년, 2년, 3년, 5년, 10년…무려 30년간 말이다.

  시오노 나나미는 1년에 한 권씩 책을 써낸다. 그녀의 대표작『로마인 이야기』를 처음 출간했을 때 그녀는 1년에 한 권씩 15년간 시리즈로 내겠다고 세상에 공표했다. 엄청난 자신감이다. 놀라운 확신이다. 스스로에 대한 강한 믿음과 집요한 의지가 없다면 불가능한 일이다. 그녀는 자신과 세상과

한 약속을 지켜 1992년부터 2006년까지 매년 한 권씩 총 15권의 『로마인 이야기』를 출판했다. 구상에 30년, 준비에 20년이 걸렸다. 200자 원고지로 2만 1천장. 무시무시하다고밖에 할 수 없는 그녀 인생 최대이자 최고의 프로젝트는 그렇게 성대하게 막을 내렸다.

물론 우리는 결과만을 볼 뿐이다. 하나의 작품을 쓰기 위해 30년을 홀로 고독히 공부한 작가의 내공은 감히 짐작만 할 뿐이다. 그녀는 오로지 글만 쓰는 가난한 글쟁이 역할에 충실하겠노라고 다짐한다. 곁눈질 없이 결심한 외길만을 묵묵히 걸을 것을 30년간 매일 스스로와 약속했다. 한 해에 하나씩 15년간 매해 작품을 쓰는 일은 단순한 노력만으로는 불가능한 고난의 연속이다. 언론에 공개된 그녀의 집필방식은 주도면밀함 그 자체다. 그녀는 일단 6개월은 공부하고, 3개월은 쓰고, 1개월은 탈고한다. 이 과정을 15번, 무려 15년간 매년 반복한 것이다.

그녀의 공부는 우선 쓰고자 하는 시대의 원서 읽기부터 시작된다. 대개 라틴어다. 물론 라틴어 원서를 읽기 위해 라틴어를 독학했다. 그다음에는 후세 사람들이 그 시대에 관해 쓴 책을 읽는데, 영어로 쓰인 책부터 독일어로 된 책, 불어로 된 책, 이탈리아어로 된 책을 읽고, 마지막으로 다시 라틴어 원서로 돌아간다. 이렇게 동일 테마를 6번 정도 반복해서 공부하고 나면 그 시대 상황이 눈에 선하게 잡힌다고 한다. 좀 더 시간이 지나면 그 시대 사람들의 얘기가 귀에 들려오는 듯하고, 이때부터 보이는 대로 들리는 대로 써내려 간다.

그녀는 한 권 한 권의 책이 완성되는 10개월을 '인생의 유일한 10개월'로 받아들이고 죽을힘을 쏟아 붓는다. 『로마인 이야기』가 완성된 50대 중반에서 70세까지 여름휴가 한 번 가지 않았다. 오로지 독표에만 집중된 인내와 절제의 삶이었다. 언뜻 수도승의 인생과 오버랩 되기도 한다. 의식을 행하듯 경건하게 진행되는 매일의 공부와 단 하루도 빠짐없이 같은 시간에 규칙적으로 행해지는 글쓰기. 그녀는 마치 정해진 시간에 출근하는 사람처럼 서재로 향할 때 정장을 차려입고 작업을 했다. 정신이 흐트러지는 것을 막기 위해서다.

'로마는 왜 천년의 역사를 가지게 되었는가?'라는 의문을 해결하기 위해 시작했다는 그녀의 공부인생. 그녀에겐 인생이 곧 공부고, 공부가 곧 인생이었다. 난해하기로 유명한 그리스어와 라틴어부터 고대 로마와 중세, 르네상스 시기의 이탈리아 역사, 서양철학 심지어 영화와 패션, 음식과 축구에 이르기까지 그녀는 관심 있는 것들을 집요하고 일관되게 독학해왔다.

그렇다면 그녀는 왜 독학을 고집했을까? 학교에 등록해 역사를 전공했더라면 시간을 단축할 수 있지 않았을까? 시오노 나나미는 모든 공부는 결국 독학으로 시작해 독학으로 끝을 맺는다고 여긴다. 학교에 다녀도 결국 '진짜' 공부는 혼자 해야만 하는 것이다. 교사는 지식을 전달하는 역할을 할 뿐이다. 그녀는 발로 뛰어 현장답사를 하는 취재의 과정과 호기심을 자극하는 부분을 집중적으로 파고드는 연구 과정을 병행하며 책을 썼다. 학위를 위해 불필요한 과목까지 이수하며 학교를 드나들 필요성을 전혀 못 느꼈다.

10대 시절부터 외국어를 독학해 온 그녀는 이미 혼자 하는 공부의 달인이 되어 있었다. 자신에게 필요한 공부가 무엇인지, 그 필요한 부분을 어떻게 찾고 어떻게 습득하는지를 완벽히 알고 있었던 것이다.

한 분야에서 일가를 이룬 전문가 군을 조사해보면 의외로 혼자 공부한 이들이 많다. 세계적인 화가, 음악가, 역사가, 소설가, 기업인들까지. 1950년대 이후 미국의 성공한 기업가들을 조사한 결과 30%가량이 독학으로 부족한 부분을 공부했다는 결과도 있다. 중요한 것은 '어떤 학교', '어떤 교수'의 밑에서 사사하느냐가 아니라 어떤 열정을 갖고 얼마나 끈기 있게 그 분야를 연구하느냐이다.

인생의 프로젝트 정하기

시오노 나나미, 그녀 삶을 관통하는 공부 프로젝트의 제목은 다름 아닌 '남자'였다. 그것도 역사상 가장 강인한 남자들. 그녀는 한 인터뷰에서 다음과 같이 밝힌 바 있다.

> "나는 여자의 세계에 관심이 없다. 내가 여자니까. 나의 관심은 남자다. 남자의 세계에서도 특히 가장 남성적이라 할 전쟁에 관심을 쏟은 것은 그 때문이다"

'남자'가 테마가 되는 이 프로젝트는 곁가지를 치고 그리스, 로마, 르네상스 등 다양한 지역과 시대의 강인한 남자들과 그들의 역사를 발굴해나는 데 이르렀다.

인생의 공부 프로젝트를 가진다는 것은 삶을 심심할 틈이 없게 만드는 일과 같다. 만사가 호기심의 대상이 되고, 연구의 테마가 된다. 중심 키워드를 정한 뒤 카테고리를 세분화하는 시오노 나나미식 공부를 적극 추천한다. 예를 들어 10년 뒤 프랑스 와인에 관해 전문가 수준에 오르고 싶다면? 일단 전문 칼럼니스트가 되는 것을 목표로 삼고 관련 공부를 시작한다. 프랑스 음식 문화, 역사, 와인 생산지와 연구진행 상황까지 광범위하게 접근해 서서히 좁혀가는 것이다. 시오노 나나미처럼 '현장학습'을 병행하면 금상첨화다. 각국의 와인을 다양하게 맛보고, 동호회에 참석해 품평회를 하며 의견도 교환해본다. 책으로 익혀야 할 나머지 부분들은 자료 조사를 통해 채워 넣는다.

시오노 나나미의 공부가 인상적인 것은 독학으로도 충분히 한 분야의 최고 전문가 자리에 오를 수 있음을 시사하기 때문이다. 하나의 테마를 끈질기게 파고들면 얼마나 폭넓고 깊은 지식을 가질 수 있는지를 그녀만큼 잘 보여주는 인물은 없다. 또한, 한 분야에 정통한 여자가 얼마나 매력적이고 섹시한지도 그녀를 통해 제대로 알 수 있다.

당신의 삶을 이끌 공부 테마는 무엇인가? 서른의 으리가 고민해봐야 할 행복한 물음표다.

60년간
매일 공부한다

뉴욕 유니언신학대학 교수이자 여성학자 현경

스무 살 무렵, 그녀는 자신의 인생을 완성해줄 두 가지 큰 목표를 설정했다. 하나는 멋있는 남자를 만나 기막히게 아름다운 사랑을 하는 것이었고, 나머지 하나는 존재를 바쳐 세상에 기여할 수 있는 멋진 나만의 일을 찾는 것이었다.

모든 여자에게 '사랑과 노동'의 문제는 일생을 바쳐 고민하고 투쟁하며 노력해 쟁취해야 하는 가장 중요한 문제다. 이것은 '여자'뿐 아니라 모든 인간에게 해당한다. 프로이트 역시 말하지 않았던가. 인간이 자신의 사랑과 노동에 만족하면 그 사람의 삶은 완성된 것이라고.

그로부터 40여 년의 세월이 흐른 지금, 현경은 뉴욕 유니언신학대학 160

년 역사상 최초로 아시아지 종신교수가 되었다. 달라이 라마, 투투 대주교 등이 위원으로 있는 '종교간 세계평화위원회' 자문위원으로도 활동 중이다.

결혼하고 이혼을 하고 그 후로도 몇 차례 사랑에 실패했지만 결국 그녀는 사랑을 제대로 배웠다. 자신에게 맞는 사랑은, 결혼이란 제도 안에서 함께 아이를 만들고 집을 사고 가구를 고르는 사랑이 아닌 세계평화와 발전을 위해 뜻을 함께하는 동지애 같은 사랑임을 깨달은 것이다. 그녀와 같은 여자에겐 결혼이 사랑의 완성이 아니다. 아이가 사랑의 결과물이 아니며 몸이 멀어진다고 마음이 멀어지는 일 역시 일어나지 않는다. 그녀는 가부장제 안에서의 낭만적 사랑을 집어치우고 자기 몸에 꼭 맞는 자유롭고 혁명적인 사랑을 발견해 나갔다.

현경 교수. 그녀는 전 세계를 돌며 끝없이 공부하고 탐구한다. 가부장제 속에서 숨죽여 우는 여자들의 대변인이 되어주기도 하고, 지구환경을 위해 투쟁하는 살림이스트^{Salimist}이자 에코페미니스트로 활동하기도 한다. 제3세계 국가의 여성, 아동, 장애인 등 약자들을 위해 때론 목숨을 건 거침없는 평화운동도 펼친다. 무엇보다 그녀는 단 하루도 빠짐없이 공부하는 지독한 공부벌레다. 그녀는 세상에 보탬이 되는 사람이 되기 위해서는 가장 먼저 자신이 변화하고 배워야 한다는 것을 잘 알고 있다. 그녀의 60년 공부인생. 그 뜨거운 투쟁으로 함께 들어가 보자.

가장 자신다운 존재로 자리하는 것

현경 교수는 저서 『미래에서 온 편지』에서 박사논문을 쓸 당시의 일화를 들려준다. 당시 그녀의 지도교수는 흑인 해방신학자 제임스 콘 박사였다고 한다. 교수는 그녀의 박사논문을 읽더니 학자들을 만족하게 하려고 유식한 말만 골라 쓴 글이라고 혹평했다. 그리고 뒤이어 뱉은 말은 그녀의 삶을 뒤흔들었다.

"누구도 피카소 같은 세계적인 화가에게 왜 피아노를 못 치느냐 욕하지 않고, 누구도 루이 암스트롱 같은 재즈 음악가에게 왜 그림을 못 그리느냐 욕하지 않아. 당신도 가장 당신다운 것, 당신의 생명을 표현하는 것, 그것 하나만 잘하면 되는 거야."

그녀는 지도교수의 조언을 단순한 잔소리나 비판이 아닌 삶의 지침으로 받아들였다. 그리고 그녀다운, 그녀 자신 그 자체가 되기로 한다. 나를 아는 것! 그것이 그녀 삶을 변화시킨 첫 번째 공부였다.

미국의 인디언들은 성인식으로 다소 특이한 전통을 따른다고 알려졌다. 그들은 소년소녀가 성인이 되면 그들의 눈을 가리고 사나흘 분량의 먹을 것만 싸서 깊은 산 속으로 데리고 간다. 그리고 그 속에 그들을 홀로 놓아둔다. 거대한 두려움과 외로움을 이기고 홀로 집으로 돌아온 자만이 진정한 성인으로 인정받고 공동체의 일원으로 대접받는다. 다소 잔인한 방법이지만 '인생'을 알려주기에 더없이 탁월한 방법이라는 생각도 든다. 인생이란 홀로 두려움과 외로움에 맞서며 자신만의 길을 찾아가야 하는 것이니까.

그렇게 고난의 사흘을 통과한 자만이 어른의 길로 접어든다. 말인즉슨 자신의 길을 스스로 찾아 헤매 집으로 돌아오는 자만이 성인이라는 의미다.

현경 교수는 자신을 찾기 위해 그보다 천 배나 되는 고통의 시간과 맞서 싸워왔다. 남들과 똑같은 사람으로 보이고자 부단히 애쓰며 산 세월도 길었다. 말하자면 평범하게 결혼하여 아이를 갖고, 아이를 양육하고, 적당히 안정적인 직업을 구해 조용히 사는 삶. 결과는 무참한 실패였다. 도무지 자신의 인생이라고 할 수 없는 참담한 시간이었다. 이후 그녀는 자신을 찾고 자신을 다스리기 위해 상상할 수 없는 노력을 해왔다.

그녀는 5년간 심리치료를 받았고 심리학 관련 도서를 천 권 이상 읽었다. 수많은 시간 동안 기도하고 명상했고 단식도 자주 했다. 현재까지도 2년에 한 번씩 일주일간 음식을 끊고 몸과 마음을 비운다. 그녀는 영적인 스승, 도인, 무당, 예언자 등 신성한 이들을 직접 찾아가 상담을 받기도 했다. 깊은 산 속에 들어가 짐승처럼 소리를 지른 적도 있었고, 음악을 크게 틀어놓고 미친 듯이 춤을 추기도 했다. 그리고 마침내 깨달았다. 자신이 이 세상에 온 명확한 소명을. 그것은 약자의 편에서 그들의 힘이 되어주고, 종교로 말미암은 분쟁을 해결하는 평화운동에 온몸을 던지는 것이었다.

신념이란 참으로 강인하고 무서운 것이다. 인생을 바쳐서라도 달성하고 싶은 목표가 생기면 아무리 약한 여자라도 전사가 된다. 그녀는 불교 명상을 수행하기 위해 수년간 히말라야 수도원에 기거하는가 하면, 죽게 되더라도 아무에게도 책임을 묻지 않겠다는 각서를 쓰고 게릴라전이 한창인 캄보

디아에서 평화의 행진을 하기도 했다. 2006년부터는 13개월간 이슬람 17개국 200명의 여성과 평화운동가들을 인터뷰했으며, 심리치료사 과정을 공부하기 위해 모든 일을 중단하고 독일로 날아가기도 했다. 그녀는 자신의 비전을 위해 기꺼이 세계에서 가장 용감한 여성 중 한 명이 되었다.

모든 자기계발서와 종교 서적에서 '나를 아는 것'을 첫 번째 미션으로 던지는 이유는 바로 이것이다. 나를 아는 것은 앞으로 나아갈 거대한 힘을 손에 쥐여 주는 공부다. 나를 알지 않고는 고시 3관왕이 된들 아무 소용이 없다. 반면 나를 알고, 나아갈 길을 정확히 하면 아무리 큰 방해물이 나타나도 배우고 공부하게 된다.

가슴 뛰는 황홀함을 좇아가는 공부

한 인터뷰에서 현경 교수는 '지난 60년간 매일 공부했다'고 고백하고 있다. 그도 그럴 것이 교수이자 여성학자라는 직업을 떠나 그녀의 관심사는 너무도 폭넓고 다양하기 때문이다. 그녀의 관심은 여성, 환경, 평화, 영성, 여신女神, 불교와 기독교에까지 확장된다. 그녀는 밸리댄스도 스쿠버다이빙과 요가도 배웠고, 2001년부터는 미술수업도 받고 있다. 심리학 전문가라 칭해도 손색이 없을 정도로 심리학에 정통하며 이슬람문화에도 관심이 많아 이슬람 국가에 1년간 머물며 수피즘을 배우기도 했다. 60년간 그렇게 열심히 공부한 이유는 세상을 변화시키는 '사회적 변혁가'를 꿈꾸었기 때문이다. 무엇보다도 그녀는 '공부하는 여행가'다. 책에서 얻기에 한계를 느낀다 싶으면 바로 자리를 박차고 여행길에 오른다. 한국에서 태어났지만 북미, 오세아니아, 유럽, 아프리카, 남미 대륙까지 평화와 환경을 배울 수 있다면 언제든 기꺼이 가방을 챙겼다. 종교색과 피부색이 다른 이들을 만나 그들 고유의 음성을 듣고 이를 바탕으로 평화운동, 신학적 퍼포먼스를 만들어왔다. 그녀의 공부는 평범한 여자라면 감히 시도조차 불가능할 정도다. 책상에 앉아 공부하고, 사무실에 앉아 회의하는 일을 고되다 불평하지 마시라. 그녀의 공부와 업무는 혼자서 몇 달씩 산속이나 숲 속에 머물기, 히말라야 수도원의 쥐들이 오가는 틈바구니에서 밤낮으로 기도하고 명상하기, 공개적인 비난과 모욕을 들으면서 가부장제 비판에 관한 국제강연과 토론 진행하기, 가난하고 권력 없고 못 배운 여성들 대신 분노하고 싸우기 등이다. 이 과정에서 오는 온갖 비난과 질투와 협박과 욕설을 참고 견디다.

그녀는 말없이 어느 날 자신을 떠나간 남자를 극복할 때에도 '공부'를 택했다. 아무것도 먹지 않고 자지 않고 울면서 하루하루를 보내던 어느 날, 문득 이런 생각이 들었다고 한다. '이러다 내가 죽게 된다면 그가 돌아오지 않을까? 그렇게 믿고 싶다' 무서운 생각이 머리를 스친 뒤 그녀는 자리에서 벌떡 일어났다. 그리고 여자가 지녀야 할 자존심을 회복하고 분노를 조절하기 위해 다음과 같은 결심을 한다. 결심은 큰 종이에 대문짝만 한 글자로 써서 벽에 붙여 놓았다.

첫째, 세 끼를 잘 챙겨 먹는다.

둘째, 매일 1시간씩 조깅을 한다.

셋째, 매일 1시간씩 명상한다.

넷째, 매일 공부한다. (책을 적어도 50쪽은 읽는다)

다섯째, 매일 글을 쓴다. (적어도 5쪽은 쓴다)

그리고 울면서 조깅을 하고 울면서 책을 읽고 울면서 공부를 했다. 분노와 죄의식을 가라앉히고 자기를 파괴하지 않기 위해서. 다시 자신을 사랑하고 타인을 이해하기 위해서. 공부에는 이렇듯 자존감을 지켜주는 힘이 자리한다. 그녀의 공부는 세계평화를 위해 사용되기도 하지만 자기 자신의 사랑과 관용을 위해서도 사용되었다.

현경 교수의 공부가 특별한 이유는 '가슴 뛰는 황홀감을 좇아가는 공부'이기 때문이다. 그녀의 공부는 앞서 말한 평생 존재를 다 바쳐 노력하는 공부다. 진정으로 자유롭고 행복한 삶을 위한 공부다.

현경 교수는 가슴 뛰는 일을 하는 데는 용기와 훈련이 필요하다고 말한다. 그녀 역시 아무런 대가 없이 처음부터 얻은 것은 아니었다고. 가슴 뛰는 공부나 일을 찾는 방법? 그것은 하루에 하나씩 아주 작은 일이라도 용기 있는 일, 가슴 뛰는 일을 해보는 것이다. 절대 머릿속 상상으로만 남겨두어선 안 된다. 보육원에서 아이들에게 자원봉사를 하는 일, 위안부 할머니의 데모에 참여하는 일, 영어로 스터디를 결성해 리더를 맡아보는 일, 수입의

3%를 아마존 밀림보호를 위해 사용하는 일 같은 것 말이다.

'나는 못해'라고 못 박았던 일들을 해보는 것은 정말 중요한 일이다. 수학은 죽었다 깨어나도 내 머리론 안 된다는 사람은 석 달쯤 수학만 붙들어 보고, 물을 두려워하는 사람은 수영을, 청중 앞에 나서길 꺼리는 사람은 수백 명 앞에서 말할 기회를 가져봐야 한다.

그녀는 자전거를 특별히 두려워했고, 쥐를 무서워했고, 깊은 물 속을 두려워했다. 그러나 마흔이 넘어 다시 자전거를 배워 그 두려움을 극복했으며, 역시 마흔이 넘어 스쿠버다이빙을 배웠고, 명상을 통해 쥐에 대한 두려움을 떨쳐냈다. 작은 두려움을 극복하는 과정이 중요한 이유는, 그것이 앞으로 찾아올 큰 두려움들을 몰아내는 공부가 되기 때문이다. 사소한 두려움들을 극복한 그녀는 이후 국제적인 비난과 협박을 받는 엄청난 공포 속에서도 자신의 신념과 가치대로 꿈을 실행시키는 여자가 되었다.

세상의 모든 딸에게 현경 교수는 말한다.

    너의 황홀감을 좇아가

    너의 가슴을 좇아가

    너의 사랑을 좇아가

    그러면,

    우주가 네가 춤출 수 있도록 곡을 연주할 거야.

꿈이 있다면
일단 저질러라!

페이스북 최고운영책임자 셰릴 샌드버그

2012년 타임지는 '세계에서 가장 영향력 있는 100인'에 그녀의 이름을 올려놓았다. 셰릴 샌드버그. 현 페이스북의 COO(최고운영책임자)다. 70억 인구 가운데 가장 영향력 있는 0.00001% 안에 속한다는 것은 어떤 기분일까? 과연 어떤 의미일까? 이 세상에는 그녀보다 열심히 사는 여자도 많고, 그녀보다 유능한 여자도 분명 많다. 그런데 알다시피 똑똑하고 열심히 일한다고 모두 그녀처럼 커다란 성공을 거둘 수 있는 것은 아니다. 내가 생각하는 그녀의 성공 키워드, 그 첫 번째는 바로 '비전을 보는 눈'이다.

그녀는 위대한 꿈을 꾼다. 힐러리 클린턴의 꿈이 '최초의 미국 여자 대통령'이듯, 김연아의 꿈이 '세계 최고의 피겨스케이트 선수'이듯 말이다. 그녀도 평범한 여자는 감히 꾸지 못할 위대한 앞날을 그린다.

세상엔 두 부류의 사람이 있다. 멋진 성공을 향해 '그건 저 사람이니까 가능한 일'이라고 단순하게 생각해버리는 사람과 '저 사람이 했는데 나라고 왜?'라며 자신의 잠재력을 가늠해보는 사람. 셰릴 샌드버그는 당연히 후자다. 그녀는 자신의 잠재력의 최대치를 끌어다 쓴다. 그녀는 말한다. 기회를 놓치지 말고, 자신을 변화시켜 내면의 혁명을 꾀한 뒤 세상까지도 변화시킬 꿈을 꾸라고. 그러니까 처음부터 그녀의 꿈은 '적당히 회사에서 월급 받아 정년까지 안 잘리고 일하는 것'이 아니었다. 그녀의 꿈은 세상을 변화시키는 여자가 되는 것이었다. 그것은 대학을 갓 졸업한 평범한 취업생 신분이었을 때에도, 24세에 이혼녀라는 꼬리표를 붙인 채 내던져졌을 때에도 마찬가지였다. 페이스북이라는 세계 최대의 소셜 네트워크를 진두지휘하고, '린인'이란 비영리단체를 이끌며 여성의 사회진출을 돕고 있는 현재, 세상을 변화시키겠다는 그녀의 꿈은 충분히 실현된 것 같다.

큰 꿈을 갖는 일. 그게 말처럼 쉽냐고? 물론 마음먹는다고 되는 일은 아니고 이를 악물고 노력해도 영영 불가능할지 모른다. 그렇다고 '싹'부터 자르는 잔인한 짓은 하지 말아야 한다.

회사생활을 할 때 여직원들을 위해 마련된 여성임원의 특강에 참석한 적이 있다. 여자가 대기업에서 소위 '별'을 단다는 것은 웬만큼 독해선 불가능한 일. 여러 차례 언론에 소개될 정도로 승승장구한 그녀의 성공스토리에 나도 호기심이 일었다. 그녀는 1시간여의 강연 동안 여성의 직장생활 노하우, 보이지 않는 유리 천장을 깨뜨리는 법, 성공을 위한 피나는 노력 등을 따뜻한 격려와 모진 조언으로 풀어냈다.

특강을 들은 뒤 자리를 빠져나오는데 한 무리의 여직원들이 웅성대는 소리가 들렸다. 그녀들은 '그건 결혼도, 아이도 없는 싱글이기에 가능한 일. 남편도 아이도 시댁도 없는 여자가 할 건 직장생활뿐인데 저 정도는 해야지'가 그 날의 결론인 것 같았다. 세상엔 이런 식으로 '모 아니면 도'라고 선을 긋는 여자들이 정말 많다. 타인의 성공엔 그럴 만한 구실들을 1초에 10개도 더 대면서, 자신의 가능성에 대해선 로또 1등에 당첨될 확률쯤으로 치부해버린다. 의식도 일종의 습관이다. 포기도 도전도 후회나 험담도 모두 습관이다. '내 인생에는 절대 일어날 수 없는 일'이라고 선포하는 순간 그 일은 당신 인생에 영원히 불가능한 일이 되어 버린다.

이 글을 작성하는 동안 그녀에 관한 기사들을 검색해보았다. 2014년 5월 12일 그녀에 관한 최근 기사가 언론사별로 떴다. 기사는 재산의 절반을 기부하겠다는 내용이었다. 공식 집계된 그녀의 현 재산은 우리 돈 1조 260억 원. 억만장자 대열에 합류한 그녀는 마이크로소프트의 빌 게이츠, 세계적인 투자자 워런 버핏, CNN 창업자 테드 터너, 경제 전문미디어 블룸버그의 마이클 블룸버그 전 뉴욕시장 등과 마찬가지로 기부서약에 동참하기로 약속했다. 그녀다운 행보였다. 과연 위대한 꿈의 여정을 걷는 여자다웠다. 그녀가 왜 전 세계 여성들의 새로운 롤모델이 되고 있는지를 가장 잘 보여주는 기사였다.

수백 번의 결심을 뛰어넘는 한 번의 실행

셰릴 샌드버그는 최근 『린인』이란 책으로 세계적인 베스트셀러 작가 반열에 올랐다. '남녀 모두의 심기를 불편하게 하려고 썼다'는 이 책은 단숨에 '일하는 여성'의 바이블이 되며 커다란 반향을 불러왔다. 여자와 일, 그리고 일하는 여자라는 주제는 21세기에도 여전히 관심의 대상이며 논쟁거리다. 우주여행도 가능해진 시대에 아직도 여성의 일에 이토록 많은 제약이 있다는 사실이 놀랍다. 인종과 나라를 넘어 세계 모든 여성의 공통된 고민거리라는 점도 그렇고. 비즈니스 정글에서 최고의 자리에 오른 셰릴 샌드버그는 『린인』을 통해 일하는 여자들에게 친절한 가이드라인을 제시한다. 그건 역시나 '워킹 맘'인 그녀의 경험에서 나오는 조언이기에 더 새겨들을 만하다.

사실 『린인』이 출간되기까지 결정적 역할을 한 것은 그녀의 어린 딸이었다. 그녀의 딸이 4세였을 대 어느 날 미국 대통령 이름이 나열돈 노래를 불러주고 있었다. 노래를 듣던 딸이 물었다. "왜 대통령은 모두 남자야? 남자만 대통령이 될 수 있는 거야?" 그 질문에 충격을 받은 그녀는 여성 리더십에 관한 책을 쓰기로 했고 그것이 세계적 성공을 거둔 『린인』의 탄생배경이 됐다. 책과 강연을 통해 그녀는 여성의 성공과 리더십에 관해 촌철살인을 날린다. 그녀의 성공비결, 유리 벽을 뚫은 세상 공부는 다음과 같다.

그녀는 일단 실행한다. 수백 번의 이상적인 결심보다 한 차례의 바보 같은 실행이 훌륭한 공부가 된다는 사실을 잘 알기 때문이다. 1톤의 생각보다 중요한 것은 1g의 실천이다. 구글이 낮은 직위와 불투명한 직무를 제시하며 그녀에게 탑승을 제안했을 때 그녀는 기꺼이 모험을 감행했다. 그리고 구글의 애드워즈로 수익모델을 만들어 1년 만에 4배 이상의 매출을 올리는 성과를 거두었다. 재고 따지는 대신 기회가 분명한 일에 몸을 던지는 것이 그녀의 스타일이다. 페이스북으로의 환승도 마찬가지였다. 그녀가 없었다면 페이스북은 실리콘밸리의 평범한 벤처기업에 그쳤을 거라는 평을 받는다. 현재 그녀는 최고경영자인 마크 주커버그보다 13배 높은 연봉(우리 돈 350억 원)을 받으며 세계에서 가장 영향력 있는 여성의 자리에 올랐고, 차기 미국 여성대통령감이란 평을 받고 있다.

한 번의 용감한 실행은 때론 100권의 책보다, 4년의 대학교육보다 커다란 교훈을 남긴다. 실패했다면 실패한 대로, 성공했다면 성공한 대로 인생의 메아리를 남기는 것이다. 여성들의 경우 뛰어난 아이디어나 꿈을 갖고 있음에도 실행력이 뒤처져 손해를 볼 때가 많다. 너무 나서는 건 아닌가 하는 두려움, 실수나 실패에 대한 긴장으로 몸이 뻣뻣해져 능력의 반도 펼쳐 보이지 못하는 것이다.

자신감은 '신의 한 수'

그녀는 자신감 넘치는 승부사다. 임금협상, 회의, 승진면접 등에서 그녀는 테이블의 정중앙에 자리하라고 지시한다. 왜 수많은 여자가 여전히 테이블

구석에 앉는지, 심지어 테이블 밑에 손을 가지런히 내리고 손가락을 꼼지락 대고 있는 것인지 의아해한다. 그것은 곧 '나는 약자'라는 증거이자 자신감 없음의 확실한 증표이기 때문이다.

이전에 셰릴 샌드버그는 티머시 가이트너 재무장관과 실리콘밸리의 기업 중역 15명을 초대해 회의한 적이 있다. 그런데 당시 가이트너 장관과 함께 참석한 4명의 여성 보좌관들은 회의용 테이블이 아니라 회의실 옆에 놓인 의자에 앉아 있었다. 셰릴 샌드버그가 자리를 옮길 수 있도록 손짓을 했으나 그들은 옮기지 않았다. 셰릴 샌드버그는 당시의 풍경을 이렇게 묘사한다.

> "당당하게 회의 테이블에 앉지 않고 구석에 자리 잡는 바람에 회의 참석자가 아니라 구경꾼처럼 보일 수밖에 없었다."

그녀의 눈에 그들은 당당하게 테이블에 앉을 권리를 스스로 포기한 것이었다. 한국사회에서 여자의 '조신함'은 미덕으로까지 여겨지기에 여자가 앞장서 뭔가를 지휘한다는 것은 대단한 용기가 있어야 하는 일이다. 소위 '나대는 여자들'은 남자뿐 아니라 같은 여자에게도 적이 되기에 십상이다. '모난 돌'이 되면 다른 꿍꿍이가 있어 그럴 거라는 오해도 받는다.

셰릴 샌드버그가 말하는 자신감은 실력의 다른 이름이다. 자신감 있는 태도를 유지하는 것은 하루아침에 뚝딱 이루어지는 일이 아니다. 공든 탑을 쌓듯 매일의 일상에서 자신감을 연습해야 한다. 여자의 자신감 결여는 무엇보다도 스스로 내재화된 두려움이 그 원인인 경우가 대부분이다. '여자이니까' 한 발 뒤로 물러서야 하며, '여자이니까' 입 다물고 고개를 끄덕여야 한다고 생각한다면 절대 좋은 리더가 될 수 없다. '착한 여자 콤플렉스'를 버리고 틀을 깰 때 비로소 진정한 여자의 롤모델이 될 수 있다.

IBM 최초의 여성 CEO인 버지니아 로메티 Viginia Rometty 는 사회 초년생 시절 큰 프로젝트를 맡을 기회를 잡았으나 '내가 과연 잘해낼 수 있을까?'라는 두려움에 기회를 눈앞에 두고 고민을 했다고 한다. 그러나 버지니아 로메티는 "남자라면 기회를 잡았을 것"이라는 남편의 충고를 듣고는 자기 자신에 대한 자신감을 가져야 한다는 교훈을 얻었다고 말했다. 기억하자. '철의 여인들'도 처음부터 자신감의 화신들은 아니었다. 부단한 연습과 도전을 통해 내공을 쌓은 것이다.

여자의 일을 존중하는 남자 만나기

나는 문정희 시인의 시를 좋아한다. 그녀의 시에는 '애환'이 녹아있다. 꽤 시크하고 유머러스한 애환이다. 얼마 전 우연히 읽은 문정희 시인의 '그 많던 여학생들은 어디로 갔는가'라는 시를 읽으며 씁쓸한 웃음이 나왔다. '여자와 일'을 이야기하는 이 자리에 어울리는 시라는 생각이 들어 소개한다.

그 많던 여학생들은 어디로 갔는가

문정희

학창 시절 공부도 잘하고
특별 활동에도 뛰어나던 그녀
여학교를 졸업하고 대학 입시에도 무난히
합격했는데 지금은 어디로 갔는가
감잣국을 끓이고 있을까
사골을 넣고 세 시간 동안 가스 불 앞에서
더운 김을 쏘이며 감잣국을 끓여
퇴근한 남편이 그 감잣국을 15분 동안 맛있게
먹어치우는 것을 행복하게 바라보고 있을까
설거지를 끝내고 아이들 숙제를 봐주고 있을까
(중략)
교수도 사업가도 회사원도 되지 못하고
개밥의 도토리처럼 이리저리 밀쳐져서
아직도 생겼으로 굴러다닐까
크고 넓은 세상에 끼지 못하고
부엌과 안방에 갇혀 있을까
그 많던 여학생들은 어디로 갔는가

국회의원, 장관, 의사나 교수, 사업가가 된 여자들도 놀랍게도 비슷한 고민을 하며 일상을 영위한다. 힐러리$^{\text{Hillary Rodham Clinton}}$ 전 미국 국무장관 같은 파워우먼도 일과 가정사를 고민하며 스트레스를 받기도 한다. 그녀는 '외교와 딸의 결혼식'이 겹치는 불상사(?)를 맞아 유럽 6개국을 순방하며 틈틈이 이메일로 결혼식 음식과 드레스를 체크했다고 말했다. 엄청난 스트레스를 받았으나 일과 가정, 둘 다 놓칠 수 없는 중요한 문제였기에 병행할 수밖에 없었다고 말이다.

구글의 수석부사장 수전 보이치키$^{\text{Susan Wojcicki}}$ 같은 재계 리더도 구글이라는 피 튀기는 전쟁터에서 일하며 네 자녀를 양육한 고충을 털어 놓는다. 보모가 아프기라도 한 날엔 사무실로 아이를 데려와 일하며 아이를 돌봐야 했다고 고백했다.

문정희 시 속의 '사라진 여학생' 모두는 어딘가에서 치열하게 일과 가정을 돌보며 살고 있을 것이다. 두렵지만 조금씩 발을 떼 앞으로 나아가고 어제보다 나은 오늘을 위해 노력하고 있을 것이다.

셰릴 샌드버그는 남편과 정확히 집안일을 반씩 처리하는 것으로 유명하다. 그녀의 남편은 세계적 온라인 설문조사 업체인 서베이몽키의 CEO다. 바쁘기로 그녀 못지않은 비즈니스맨이다. 그런 남자에게 집안일을 반씩 하자고 선포하는 것? 그녀는 그것이 '고도의 훈련'이라고 말한다.

"남편을 교육해야 해요. 아내를 웃게 하는 건 꽃다발이 아니라 세탁기를 한 번 더 돌리는 거라는 사실을 일깨워줘야 합니다."

아내의 일을 자기 일만큼 존중하게 하는 교육(?)을 한 결과, 그녀의 남편은 동등하게 육아와 집안일을 분담한다. 그녀에게 남편과 아이들은 성공을 가로막는 장애물이 아니라 성공을 응원하고 축복하는 최고의 지지자다.

셰릴 샌드버그는 성공은 사다리가 아니라 정글짐이라고 말했다. 사다리처럼 직선으로 정해진 길만 걷는다면 길이 끊기거나 예상치 못한 장애물이 있을 때 그 자리에서 미끄러질 수밖에 없다. 반면 정글짐은 오르는 길이 여러 가지다. 다양한 각도에서 다양한 방법으로 올라갈 수 있다. 성공 역시 마찬가지다. 셰릴 랜드버그는 정글짐처럼 다양한 시도를 통해 성공에 이르렀다고 터놓았다. 절대적인 하나의 목표만 바라보기보다 그 목표를 이루는 다양한 방법론을 계속 시도하는 것이다. 언제까지? 성공할 때까지. 이것이 그녀의 성공비결이다.

완벽을 경영하는 여자

「보그」 편집장 안나 윈투어

영화 〈악마는 프라다를 입는다〉의 실존 모델. 「타임」 지가 선정한 패션계 파워우먼. 일거수일투족이 화제가 되는 패션업계 큰손이자 성공을 흠모하는 세계 여성들의 워너비가 된 안나 윈투어. 그녀는 현재 미국 「보그」의 편집장을 역임하고 있다. 아니 이게 다는 아니다. 그녀를 설명하는 문구로 '잡지 편집장'은 너무 식상하다. 그녀는 '그냥' 잡지 편집장이 아니라, 역사상 가장 유명한 편집장이자 세계 패션계의 아이콘이 된 셀러브리티다. 늘 선글라스를 낀 채 마놀라 블라닉과 샤넬로 휘감은 '완벽에 가까운' 옷차림을 하고 사무실을 활보하는 그녀. 사실 그녀는 옷차림보다 더 완벽에 가까운 자기관리로 이미 패션계에서는 모르는 사람이 없을 정도다. 그런데 세계적 성공을 거둔 이 여자가 사실은 고등학교 졸업 학력이 전부이며, '악으로 깡으로' 이 개성 강한 분야에서 살아남은 열정과 노력의 화신임은 잘 알려지지 않은 것 같다.

학위보다 절실한 '진짜 공부'를 위하여

그녀의 하루는 새벽 5시에 시작된다. 그나저나 왜 성공한 대부분 여자는 남들 다 자는 시간에 하루를 여는 것일까? '이른 기상'이 그들에게 성공을 안겨 준 것인지, 성공해서 일찍 일어나게 된 것인지는 의문이지만 중요한 건 사회적으로 성공한 사람 중에는 '새벽 5시 기상형'이 이상할 정도로 많다는 거다. 어쨌든 안나는 5시에 일어나 인턴도 탈을 들이지 않을 시간인 7시에 사무실로 출근한다. 아침밥도 거른 채 눈곱만 간신히 떼고 허겁지겁 출근하는 게 아니다. 건강관리를 위해 테니스를 치고 그것도 모자라 매일 아침 완벽한 헤어와 메이크업을 받고 출근한다. 마치 전쟁터에 나가기 전 완벽 무장을 준비하는 전사처럼 말이다.

　흔히 '슈퍼우먼'이라 불리는 그녀들의 공통점은 시간 관리의 귀재라는 것이다. 휴식과 일을 철저히 양분할 줄 알며 일을 할 때는 완벽히 일에만 몰입한다. 안나 역시 그렇다. 그녀는 하루를 절대 어설프게 시작하지 않는다. 집 대문을 나서는 순간 마주하게 될 수많은 파트너, 직원들, 잠재 고객과 팬들을 위해 완벽한 대외용 이미지를 갖추고 시작한다. 이는 「보그」 편집장으로서 패션계에 종사하는 일인으로서 철저한 일의 연장이라고 생각하기 때문이다.

패션계의 대모답게 거의 하루도 빠짐없이 크고 작은 파티, 자선행사, 패션쇼가 밤늦게까지 이어지지만, 이튿날 완벽한 컨디션으로 일에 복귀하기 위해 10분 이상 자리를 지키지 않는다. '어쩔 수 없어서' 평일에도 동료들과 술을 마시고, 또 '어쩔 수 없어서' 주말에는 친구들과 술을 마시며 허송세월을 하는 수많은 여자에게 귀감이 될 만한 이야기라고 생각한다. 그녀는 고위직이기에 가능하다고? 아니, 절대로 그렇지 않다. 그건 그녀이기에 가능한 것이다. 그녀로 따지면 매출에 직격탄을 날리는 광고주와 초미의 관심을 기울이며 취재에 눈독 들이는 언론과 속눈썹만큼 밉보이는 짓을 해도 당장 그녀를 끌어내릴 경쟁자들을 두고 '내일 스케줄을 위해 여기까지'를 외치는 것은 미친 짓이다. 하지만 그녀는 그 일을 해왔고 하고 있다. 왜냐고? 그녀가 그것을 원하니까.

현재 공식적으로 알려진 안나의 연봉은 200만 달러 플러스알파다. 패션의 중심가를 여행할 때면 늘 최고급 링컨 타운차를 타고, 평범한 여자들의 옷장에 평생 걸릴까 말까 한 명품 의상들을 입고, 세계의 패션 아이콘인 배우, 모델, 디자이너들을 매일 만나 함께 작업하는 것이 그녀의 일이다. 와우, 이런 인생이라니. 일단은 부러움이 앞선다. 그러나 수식할 수 있는 화려함의 정점에 있는 그녀의 인생은 실상 자신의 모든 것을 걸고 얻어낸 피나는 결과물이다. 현재의 삶을 위해 그녀는 기꺼이 '평범함'을 벗어던졌다. 특별한 존재가 되길 원한다면 특별한 행동을 하고 특별한 삶을 살아야 한다. 특별함을 추구하며 평범하게 행동하는 것은 과대망상일 뿐이다. 안나의 삶이 우리에게 던져주는 교훈은 그것이다.

안나의 '성공을 위한 6가지 특별함'

안나의 첫 번째 특별함은 실용적인 '진짜' 배움을 위해 학위를 걷어찼다는 것이다. 그녀의 부모는 엘리트였다. 어머니는 일류 여고를 나와 당시 시대에 대학교육까지 받은 여성이었고, 아버지는 런던 '이브닝 스탠더드' 신문사의 편집장을 역임한 저명한 언론인이었다. 그런 집안환경에서 꿈을 위해 자신의 확고한 의지를 관철한다는 것은 웬만한 용기로는 불가능하다. '혹시나 잡지 에디터로 성공하지 못하면 어디 회계 사무실에 취직이라도 해야 하니까' 대학 졸업장을 취득하려는 시도는 그녀 삶에 단 한 번도 없었던 것으로 보인다. 왜냐하면, 그녀는 자신의 성공을 완벽히 예감했으니까. 어쨌든 그녀는 1970년 대학에 진학하는 대신 「하버스 앤 퀸」의 패션부 어시스턴트로 사회생활을 시작한다. 그녀에게 공부란 이 세상에서, 그리고 그녀가 갈망하는 성공의 영역에서 빛을 발하며 곧바로 유용하게 쓰일 수 있어야 했다. 그녀는 패션계의 정상이 되는 데 있어 불필요한 것들을 습득하려 시간을 보내는 대신 온몸으로 그 안의 생리를 깨닫는 것이 훨씬 유리하다는 것을 일찌감치 깨달았다.

안나의 두 번째 특별함은 성공에 대한 강한 확신과 집념이다. 그녀는 목표한 바를 이루기 위해서는 그전까지 자신의 삶에서 얻은 모든 노하우(그 안에는 인맥, 처세술 등 모든 노련함이 들어있다)를 쏟아 붓는다. 실제로 편집장의 자리에 오르기 위해 자신의 모든 인맥과 심지어 아버지의 인맥까지 총동원하기도 했다. 여성 대부분이 사회에 첫발을 내딛음과 동시에 그 잔혹함과 무자비함에 자신감이 반 토막 나고 꿈을 하향 조정하는 반면, 안나는 처음부터 자신의 성공을 확신했고, 그 과정을 충분히 즐겼다. 마치 엄청난 성공을 거둔 여자처럼 그녀는 언제나 당당했다.

안나의 세 번째 특별함은 실패에 대처하는 태도다. 20대 시절 그녀는 잡지사 귀퉁이에서 훗날 자신의 경력에 포함하지도 못하는 찌질한 기사들을 쓰며 시간을 보낸 적이 있다. 그토록 원하던 잡지사에서 7개월 만에 해고된 적도 있다. 그럼에도 그녀는 초짜 에디터 시절부터 '나의 목표는 「보그」'임을 알리고 다녔다. 물론 단지 「보그」에 입사하는 것이 전부는 아니었다. 「보그」의 꼭대기에 올라 진두지휘하는 것이 목표였다.

안나의 네 번째 특별함은 그녀가 언제든 싸울 준비가 되어 있다는 것이다. 그녀를 꺾을 수 있는 것은 강도 높은 비난도, 부풀린 스캔들도 아니다. 그녀를 꺾을 수 있는 것은 그녀 자신의 의지뿐이다. 물론 의지를 꺾고 의기소침해지는 일은 -공식적으로는-없었고, 앞으로도 없을 테지만. 실제로 안나는 「보그」 편집장을 하는 내내 숱한 싸움에 휘말렸다. 기센 디자이너들과 불화를 겪은 적도 많았고, 타 잡지의 편집장에게 공개적인 질투와 적대감을 받기도 했다. 사생활은 언론을 타고 추문과 오해가 덧붙어 웃음거리로 전락하기도 했다. 상상해보자. 어느 날 「뉴욕 포스트」의 가십난에 '아름다운 결혼생활을 하는 듯 보이나 전자통신업계의 거물과 1년 동안 불륜 관계를 이어온 패션계의 권위자는 누구?'라는 기사가 올라왔다고 말이다. 상상만으로도 온몸에 식은땀이 나고 멘탈이 붕괴할 것 같다. 그런데 안나에게 이것은 상상이 아닌 현실이었다. 그녀는 이 현실 앞에서 시종일관 으연했다. 인기와 명예와 돈을 거머쥔 여자라면 흔히 받아들여야 할 상황이라고 여기었을 뿐이다. 그녀는 강인함 그 이상의 여자다.

그녀의 다섯 번째 특별함은 그녀가 여자 특유의 나약함을 완전히 지워버렸다는 것이다. 사회생활에서 여자들은 언제나 핑계가 많다. 그래서 때론 남자보다 책임감도, 인내심도 부족하다는 평을 듣는다. 불필요한 상황에서 '여자'임을 내세워 대우받길 원하는 여자도 허다하다. 이는 스스로 나약하고 무능력하며, 감성에 치우친 사람이라고 떠벌리고 다니는 격이다. 안나가 「보그」 편집장 자리에 오른 역사적 순간은 놀랍게도 그녀가 임신 중인 때였다. 여자 인생을 통틀어 그 상황(?)을 악용해도 비난받거나 무시당하지 않을 대표적인 순간에 그녀는 임신 사실을 모두에게 숨기고 「보그」 편집장 자리에 올랐다.

처세술과 인맥을 개발하라

자격증을 취득하는 것처럼 눈에 보이는 것만이 공부의 전부가 아니다. 그보다 더 중요한 공부는 실상 눈에 보이지 않는다. 사회적 성공을 위한 공부는 자격증과 별 관련도 없다. 어떤 '종이증서'가 아닌 처세술, 포용력, 유머감각 및 인간적인 매력 등이 한 사람의 '사다리 높이'를 좌우하는 경우가 많다. 여자들은 이 점을 자주 망각한다. 그래서 눈에 보이는 자격증과 학위에만 목을 맬 때가 많다.

안나 윈투어는 그 점을 누구보다 빨리 알아차린 영특한 아가씨였음이 분명하다. 그렇지 않고서야 젊은 시절부터 그렇게 철저하게 인맥관리를 했을 리가 없다.

그녀의 사교술은 젊은 시절부터 갈고 닦은 그녀 최고의 무기였다. 그 화려한 사교술은 편집장을 하는 내내 그녀에게 성공신화를 가져다주었다. 그것은 명문대 졸업장을 뛰어넘는 성공의 보증수표였다. 세상에 어떤 패션지가 감히 힐러리 클린턴을 표지 모델로 내세우겠는가? 오프라 윈프리에게 다이어트 조언을 하고, 존 갈리아노, 베라 왕, 마크 제이콥스를 패션계의 스타로 발굴해 내겠는가?

완벽함과 치열함으로 무장하여 '악마적 프로페셔널리즘'이란 칭호를 받기도 하는 안나 윈투어. 그녀의 삶은 우리에게 말한다. 온몸으로 부딪쳐 직접 깨닫는 공부만이 진짜라고. 아무리 똑똑해도 사회생활의 룰과 처세술에 무던 사람은 인정받지 못한다. 따라서 성격이 성공을 만든다는 옛말은 진리다.

성공하고 싶다고? 남자를 뛰어넘는 처세술과 인맥을 구축하라. 여자 특유의 따뜻한 카리스마와 세심함으로 사람들을 이끌어라. 이것은 정말로 중요한 공부다.

그녀들의
꿈꾸는
공부법
5

오늘 걸으면
내일은 뛰어야 한다

   삶은 판타지소설이 아니다. 로맨스영화도 아니다. 공부로 꿈을 이룬 그녀들은 이 사실을 너무나 잘 알고 있었다.
   영화 〈금발이 너무해〉 속 엘 우즈처럼 허구한 날 네일숍에서 시간을 보내고 몸매 관리를 위해 러닝머신을 뛰며 법률을 암기해서는 로스쿨에 진학할 수 없다. 왜냐고? 머리도 안 감고 주말에도 트레이닝복 차림으로 공부에 올인하는 '빡센' 언니들을 절대 따라잡을 수 없으니까. 그게 현실이다. 아주 공평하고 바람직한 현실이라고 생각한다. '놀 거 다 놀고, 할 거 다 하면서도 전교 1등을 놓치지 않는 학교 최고 퀸카' 같은 캐릭터는 하이틴 소설에나 나오는 인물이다. 현실은 정직하여 정확히 노력하고 인내한 만큼의 결과를 선물한다. (갑작스러운 로또나 재산상속 같은 상황은 접어두기로 하자.)

가끔 '그래 봤자 현실은 시궁창'이라고 한숨을 내뱉는 사람들이 있다. 얼마나, 어디까지 노력해 봤지? 대부분 의지는 나약한데 욕심은 과하고 잔머리는 안드로메다급으로 굴리는 것이 문제다. 어떻게 하면 최단기간 최고수익을 뽑을 수 있을까를 고민하며 공부의 왕도만을 찾는다. 공부에 왕도가 어디 있나? 그걸 아는 사람은 노벨평화상을 받았을 거다. 꿈을 이루어주는 공부법, 그건 브래드 피트가 지나가도 모를 정도로 몰입하며 전력을 기울이는 공부다. 이왕 공부하겠다고 마음먹었으면 얼마쯤의 희생도 있음을 깨닫는 거다. 주말에 호프집도 가고, 영화관도 가고, 12시까지 침대에서 뒹굴거리며 '최선의 공부'를 병행할 수 없음을 알아야 한다 '편안함' 가운데 하나쯤은 깨끗이 포기할 줄 알아야 한다.

공부하는 그녀들의 십계명

진실은 이것이다. 우리가 불행하거나 편안하지 않을 때 또는 충족감을 느낄 수 없을 때, 그래서 무엇인가를 힘들게 싸워 찾을 때, 인생의 가장 멋진 순간들의 대부분이 바로 그런 순간에 우리에게 다가온다는 사실이다.

• 모건 스캇 펙 『끝나지 않은 여행』

공부로
인생 뒤집기

보육교사 그녀는 어떻게 주말번역가가 되었나?

90년대를 주름잡던 여가수들이 어느 날 브라운관에서 자취를 감췄다. 그리고 십여 년의 세월이 흘러 하나둘 모습을 드러냈는데, 놀랍게도 전혀 다른 분야에서 전문가로 활동하고 있었다. 아마 TV나 여성지를 통해 그녀들의 근황을 접한 분도 많으리라.

  가수 최연제는 미국에서 6년간 한의학 공부를 한 뒤 한의사 자격증을 취득, 현재는 한의사이자 여성건강전문 박사가 되었다. 가수 임상아는 뉴욕 파슨스에서 패션 마케팅과 디자인을 수료한 후 할리우드 배우들도 탐내는 가방브랜드 '상아백'의 디자이너가 되었다. 역시 90년대를 주름잡던 대표 청순 가수 이지연은 미국 언론도 주목하는 레스토랑 주인장이자 유명 요리사로 깜짝 변신했다.

어딜 가나 주목받고 대접받던 화려한 스타의 모습을 내려놓고 20대 중반을 훌쩍 넘긴 나이에 기꺼이 학생으로 새 출발한 그녀들. 모두 두 번째 삶을 멋지게 다시 열고 보란 듯이 인생을 뒤집었다. 그리고 그 과정엔 '공부'라는 공통점이 있다. 그녀들의 현재 모습은 분명 화려하고 쿨 하지만, 학생으로 돌아가 해당 분야의 바닥부터 시작하는 일은 결코 낭만적인 과정이 아니다. 때론 지치고 지루하고 지긋지긋하기도 했을 거다. 그 깜깜한 터널을 통과해 결국 빛을 만난 그녀들이 진심으로 아름답고 근사해 보인다.

보육교사로 일하는 29세의 M. 그녀는 작은 출판사에서 경리업무를 하다가 뒤늦게 보육교사 자격증을 취득하고 어린이집에서 근무하고 있다. 전문대학을 졸업하고 20대 내내 시답잖은 연애로 허송세월하다가 결국 이렇게 좋은 시절 다 보냈다고, 그녀 입으로 억울함을 주장하기도 한다. 그러던 그녀가 어느 날 번역가가 되었다. 놀라운 반전이었다. 일본어 요리책을 번역 출간해 번역가로의 멋진 데뷔전을 치른 것이다. 사실 고등학교 때부터 일본어를 좋아해 일본 드라마와 애니메이션으로 독학하던 그녀였다. 보육교사로 일하는 5년간 번역공부에 매진했고 결국 일본어 번역가라는 두 번째 직업을 갖게 되었다. 현재 그녀는 주중엔 보육교사로 일하는 한편 주말 이틀은 일본어 번역가로 살고 있다.

M의 공부법은 다소 특이하고 재미있다. 그녀는 공부를 위해 자투리 시간을 적극 활용했다. 예를 들면 약속 장소에 매번 30분 일찍 도착해 일본문학을 번역했다. 번역할 책과 노트를 언제나 가방에 가지고 다녔다. 일주일에 대략 2~3차례의 약속이 있었고 그때마다 30분씩을 저금해 총 90분가량의 시간을 만들어냈다. 5년간 그녀가 혼자 번역한 일본어책은 자그마치 12권. 내가 번역아카데미어 다녀봐서 안다. 1년을 꼬박 공부해도 책 한 권 번역하기란 만만한 과제가 아니다. 그녀가 번역한 책들은 짧은 동화에서 제법 분량이 있는 장편소설까지 다양하다. 번역을 마치면 전문번역가가 번역한 단행본을 서점에서 사 가지고 자신의 번역과 비교해보기도 했다. 스스로 개발한 훌륭한 공부법 덕에 그녀는 결국 일본어 번역가가 되었고 주중과 주말이 다른 두 가지 삶을 사는 중이다.

10년 후 이력서를 작성하며

보통 지나온 삶의 이력을 담는 것을 이력서라고 한다. 어디서 어떤 공부를 했고, 어떤 경력과 자격을 가졌는지를 나열하는 것. 그런데 한 번쯤은 10년 후 나를 묘사하는 '미래이력서'를 작성해볼 것을 권한다. 형식과 틀에 얽매일 필요는 없다. 그림을 그려도 좋고 사진을 오려 붙여도 좋다. 키워드만 나열해도 되고 전에 없던 직업을 창조해 넣어도 된다. '진짜 원하는 일들'을 중심으로 자유로운 포트폴리오를 작성해보라. 미래 이력서를 쓰다 보면 그 시점을 기준으로 10년 전인 현재의 내가 해야 하는 공부들이 일목요연하게 보인다.

정다은
서울 거주. 32세 (10년 후 42세)
현재 네일아트 전문샵 운영 중.

10년 후 그녀는

* 천 권의 책을 읽은 독서광
* 유럽 배낭여행 전문작가
* 북 칼럼니스트자 프리랜서 출판기획자
* 출판콘텐츠 전문회사 대표

유지연
30세 (10년 후 40세).
현재 모 IT기업 콘텐츠기획자로 근무 중.

10년 후 그녀는

* 영어 토익 900점.

* 방송통신대학교 불어불문과 졸업.
* 서울대학교 한국어 교원양성과정 수료. 다문화가정지원센터에서 한국어 교사로 봉사활동 중.
* 마라톤 하프코스 3회 완주. 요가강사자격증 취득.
* 한국 숲 해설가협회 숲 해설가 자격증 취득.
* 숲 명상 전문아카데미 '쉼포' 대표이자 숲 해설가, 숲 칼럼니스트.

김윤희
서울 거주. 30세 (10년 후 40세)
현재 모 대기업 인사과 근무 중.

10년 후 그녀는

* 남들 하지 않는 아랍어를 공부한 뒤 전문번역가와 통역사로 일한다.
* 부동산 경매 공부 후 빌라와 상가 구매하여 임대수입을 번다.
* 인사전문가로 일하며 리크루팅 회사를 차린다.
* 스페인 산티아고 순례길에 오른다.
* 한식, 중식, 양식 조리사 자격증을 따고 사랑하는 가족들에게 매일 맛있는 요리를 해준다.

10년 후 원하는 내 모습을 담은 미래 이력서. 나는 그 이력서를 일찍이 작성해 가끔 무기력하고 의기소침해질 때마다 꺼내 읽는다. 일상이 방향감각을 잃고 공중에서 맴돌 때, 오지랖이 나이에 비례해 자꾸 새로운 것만 기웃거리게 될 때도 이력서를 꺼내본다. 그러다 보면 내 꿈의 씨줄과 날줄로 짜인 길이 선명히 드러나 다시 이정표를 제시하곤 한다.

반전 있는 삶을 꿈꾼다면 '지금' 이 자리에서 '바로' 그 공부를 '당장' 시작해라. 공부로 인생을 뒤집는 건 선택받은 소수 이야기가 아니다. 엄청난 IQ와 남아도는 시간이 있어야 가능한 것도 절대 아니다.

회사에 다니며 작곡가로 변신할 수 있을까? 그것도 서른이 넘은 나이에 시작해서?

가능하고도 남는다!

영어강사에서 미국 변호사가 되어 로펌에 취직할 수 있을까?

그보다 더한 반전을 경험한 여자들도 있다!

할 줄 아는 건 아무것도 없는데 새롭게 시작할 수 있을까?

'쿠키 뷔페'라는 회사 대표는 평범한 주부에서 매출 800억 대의 CEO가 되었다. 그녀가 할 줄 아는 건 쿠키 만드는 게 전부였다.

모든 것이 가능하다. 전제는 우리가 가능하다고 믿는다면.

인생의 4가지 계단

현재 대한민국 여자의 평균 수명은 84세. 이토록 긴 인생을 크게 4기로 나누어 생각해보자. 커다란 그림이 그려지며 시기별로 해야 할 일이 확연해질 것이다. 어떻게 인생 반전을 꾀해야 하는 지도 분명해진다.

태어나서 지금의 나이까지를 크게 1기로 잡는다. 1기는 걸음마를 배우고 학교에 다니며 몸과 마음이 자립한 어른으로 성장하는 시기다. 주로 전공을 선택해 3~4년 정도 공부하며 이를 바탕으로 직업을 구한다.

현재 서른이라고 계산하고 서른부터 마흔다섯까지를 2기로 잡는다.

2기는 여자 삶에 가장 중요하고 바쁜 시기다. 80% 이상의 여자들이 이 시기에 취업, 결혼, 출산, 육아 등 굵직한 사건들(?)을 경험한다. 1기의 전공 및 경력을 바탕으로 더 발전시켜 전문가 반열에 오르는 것도 이 시기다. 또한 3기를 위해 새로운 전공을 선택해 새로운 공부를 시작하는 것도 필수다.

3기는 마흔다섯부터 예순까지. 2기에 시작한 공부가 빛을 발하는 시기다. 두 번째 직업을 갖고 인생 전반기와는 전혀 새로운 삶을 살게 된다. 그간의 연륜과 지혜가 쌓여 더 유연하고 당당한 행보가 가능하다. 은퇴 후를 계획하고 구체적으로 설계하며 다음 공부를 준비하고 시작하는 시기이기도 하다.

4기는 예순부터 남은 생까지. 이 시기의 공부는 직업을 구해 현장에서 뛰기 위한 공부가 아니다. 3기에 몰입한 공부를 정리하고 후대를 위해 좋은 일에 사용해야 하는 시기다. 그간의 경험과 노하우를 글로 정리하거나 소규모 강연을 하는 등 정적인 활동을 하며 은퇴 후를 보낸다.

크게 4기로 나눈 인생계획표는 커다란 관점에서 내 삶을 통제하고 관찰하게 한다. 인생 1기에 '출판사 에디터'로 살았다면 2기, 3기, 4기엔 어떤 타이틀로 살 것인지 고민하게 한다.

1기가 주로 부모님과 선생님의 의견이 개입된 '운명적인' 공부였다면 2기 이후는 온전히 스스로 계획하고 준비해서 시작하는 공부다. 내면의 GPS를 따라 신중하게 이루어져야 한다.

4기로 이루어진 4번의 다른 삶. 마지막 눈을 감는 날 그 풍요로움과 다양한 경험에 미소 짓게 될 수 있지 않을까? 꿈꾸는 인생을 맘껏 유랑하고, 가능성의 천장까지 도약했으며, 신이 내게 주신 시간과 재능을 한 방울도 남기 없이 사용했다고 말이다.

이 구분에 따르면 우리는 평생 공부해야 한다. 긴 인생을 알차고 즐겁게 보내기 위해 절대 배움을 놓을 수 없다. 당신의 2기, 3기, 4기는 어떤 모습일까? 어디서 누구와 어떤 일을 하며 살아가고 있을까? 시간을 두고 고민해보자.

인생 로드맵을 짜는 4가지 방법

시작하기에 가장 적합한 '지금'이라는 나이

나이 앞에 두려움을 느끼는 것은 모든 여자, 아니 모든 인간의 유전자에 새겨진 본능일 것이다. 이루어 놓은 일이 많으면 두려움은 좀 덜할까? 글쎄, 다른 갑갑함이나 우울함에 시달리는 것 같기도 하다. 이를테면 '일만 하느라 다른 건 아무것도 못 했다'는, 어찌 보면 더 지독한 후회의 감정 따위.

그래서인지 나이를 떠나 꿈을 지향하고 개척하며, 거기에서 행복과 만족을 느끼는 이들은 나이를 먹을수록 더 대단해 보인다. 그들이 우리에게 던지는 메시지는 단순히 '나 잘났다'가 아니기 때문이다.

'진화론'으로 세상을 발칵 뒤집어 놓은 찰스 다윈의 경우 30대가 될 때까지 가족에게서 목표 의식도 없고 야망도 없으며 우유부단하다는 평을 듣는 사람이었다. 고흐가 화가가 되기로 한 시기는 27세였다. 그가 살던 19세기에 27세란 재능에 꽃을 피우고 정점을 이루는 시기였다. 당대 유명화가들은 이미 그 나이에 결정적인 위치에 올라있었음은 물론이다.

세계에서 가장 유명한 추리소설작가인 레이먼드 챈들러의 경우도 마찬가지다. 그는 오랜 시간 직장생활을 하던 평범한 샐러리맨이었는데, 그가 첫 장편소설을 세상에 내놓은 시기는 51세였다.

가브리엘 샤넬은 또 어떤가? 그녀는 천재성과 행운을 타고난 여자가 아니었다. 놀랍게도 샤넬이 디자이너로서 새 출발을 결심한 나이는 30세였다. 그전까지 그녀는 카바레의 무명 가수였다.

그들은 모두 서른 이후 다른 존재방식을 갈망했다. 그들이 우리에게 던지는 메시지는 따라서 매우 명확하다. 나이는 물리적 장벽이 아니라 마음의 장벽이라는 것. 우리에게 어떤 재능이 숨겨져 있는가는 아직 불확실하다. 소설 『갈매기의 꿈』을 쓴 리처드 바크는 말했다. 우리가 무엇인가를 하고 싶어 한다는 것은 우리에게 그 일을 할 능력이 있다는 뜻이라고. 서른은 절대로, 결단코 늦은 나이가 아니다. 삶의 길을 확정하고, 자신을 고찰하고, 다시 새로운 길로 나아가기에 가장 알맞은 나이다. 우리는 모두 '지금'이라는 나이 앞에 서 있다. 다시 시작하기에 가장 적합한 나이. 그래서 예쁘고, 충만한 나이. 서른은 예쁘다.

3개월의 결심, 그리고 남은 79년 9개월

알다시피 진짜 중요한 것은 학력學歷이 아닌 학력學力이다. 지금껏 공부한 역사가 아닌 앞으로 공부할 능력이 더욱 중요하다. 이는 서른을 전후로 더욱 강력해진다. 명문대를 졸업하고 대기업에 들어간 것보다 더 중요한 것은 그 이후의 시간이다. 꿈을 이루고 성공한 여자들이 하나같이 '명문대와 대기업 출신'일까? 세상이, 또 삶이 그렇게 호락호락하던가? '공부한 역사'가 훌륭하다 해서 '배울 수 있는 능력'을 훌륭하게 갖추는 것은 아니다. 오히려 만족하고 안주할 확률이 높다. 반면 자신의 부족함을 알기에 서른 이후 멈춤 없이 자신을 성장시킨 여자들이 꿈을 이루고 성공할 확률이 훨씬 더 높다.

그렇다면 서른 이후 각자 삶의 궤도를 어떻게 디자인하면 좋을까? 이 사유의 시간이 어쩌면 남은 인생을 바꿀 것이다. 삶에는 잠시 멈춰서 나아갈 길을 계획하고 지나온 길을 숙고할 시간이 반드시 필요하다. 그건 '정지'가 아닌 '예열'이다. 자동차도 시동을 켜자마자 바로 내달릴 수는 없다. 안전과 탄성을 위한 기다림의 시간이 필요하다.

'예열의 시간'을 위해 딱 3개월만 집중적으로 자신을 관찰하는 시간을 갖길 권한다. 이전에 '영어천재'로 불리는 안정효 선생님의 책을 읽다가 흥미로운 부분을 발견했다. 47세에 처음으로 비행기를 타봤을 정도로 순수 국내파 출신인 그는 그 핸디캡을 이기고 영어로 장편소설까지 출간한 진짜 '영어의 신'이다. 150여 권 이상의 국내외 문학작품들을 번역하기도 했다.

그런 그가 영어를 공부한 방법은 '단순무식'했다. 일단 3개월만 죽으라고 영어원서만 읽는 것이 그 비밀이었다. 그는 일단 딱 3개월만 단어의 의미도, 문맥의 흐름도 신경 쓰지 말고 읽어내려가라고 권한다. 그러면서 덧붙인 말이 꽤나 마음을 흔들었다.

"마음을 다져 먹고 하루에 한 권씩만 읽기 시작한다면 100권을 읽어내는 데 필요한 시간은 3개월밖에 걸리지 않는다. 그리고도 70 인생에서는 69년 9개월이 남는다."

세상에, 이 생각을 지금껏 왜 못했을까? 나는 둔기로 머리를 한 대 맞은 기분이었다. 다른 영역에서도 마찬가지다. 여자의 평균수명을 80으로 잡고, (그는 남자여서 70을 평균수명으로 잡았나 보다. 이런 점에서 우리 여자들은 참 유리하다.) 2년간 요리공부에 매진한다 해도 인생에서는 78년이 남는다. 지금껏 산 날들을 제하고 계산해도 50년쯤의 세월이 기다리고 있다.

앞으로의 시간을 위해 3개월만 투자하라는 것도 이 때문이다. 3개월? 직장에서 새로운 프로젝트를 시작했거나 막 이직 혹은 전직한 사람에게는 긴 시간이 될 수도 있다. 한창 연애에 빠져있거나 이별한 사람에게는 끔찍하게 긴 시간일 수도 있다. 하지만 80 인생에서 3개월쯤은 100% 나 자신만을 위해 사용해도 된다. 그래도 79년 9개월이 남는다.

미래를 디자인하는 4가지 방법

미래설계를 위한 시간은 구체적으로 다음과 같이 보낼 것을 권한다. 대부분 내 경험에 비추어 효과가 가장 드라마틱했던 방법들이다. 물론 각자 사정에 맞게 더하거나 덜해도 된다.

- **3개월간 매일 일기를 쓴다.**

내면과 대화하는 시간을 얼마나 가져봤는가? 누군가 말했다. 사색의 시간은 인류를 구원한다고. 하물며 나 자신은? 고요한 아침 시간을 활용해 '나'를 공부해보자. 내 삶을 구원할 철옹성을 쌓는 것이다. 오랜 시간 일기 쓰기의 효과에 관해 연구한 미주리대 심리학과 로라 킹Laura King 박사는 일단 목표를 글로 적으면 목표달성에 도움이 될 만한 사람이나 상황을 찾기 위해 자동으로 주변 환경과 머릿속을 검색하기 시작한다는 가설을 세웠다. 오프라 윈프리도 말하지 않았던가? 일기장이야말로 내 꿈이 실현된 첫 번째 장소라고. TV 방송국을 설립하겠다는 그녀의 꿈은 일기장에서 처음 탄생했다고 한다.

내적 성장과 발전을 위해 지금 당장 필요한 배움은 무엇인지, 업무와 관련하여 익히고 강화해야 할 스킬은 무엇인지, 급변하는 사회에 대처하는 학문에는 무엇이 있을지, 또 나의 중장기 목표와 비전을 실현하기 위해 시작해야 할 것들은 무엇인지를 점검해보자.

이뿐만이 아니다. 일기는 과거의 아픔과 상처를 치유하는 힘도 갖고 있다. 글을 통한 자기 노출은 가장 안전한 정서적 배출구가 되어주기 때문이다. 일기는 또 그날 하루의 스트레스를 기록하며 휴식과 긴장 이완의 역할도 한다. 미래의 꿈과 희망을 자신에게 주입하는 긍정적인 효과는 말할 것도 없다. 키플링은 '이야기는 인류가 사용하는 가장 강력한 약물'이라고 말했다.

일기는 종류도 매우 다양하다. 매일의 일상에서 감사할 일을 찾고 싶은 사람은 감사일기를, 내면을 다스리고 누군가를 용서하길 원하는 사람은 치유일기를 쓰면 된다. 그 밖에도 행복일기, 그림일기, 축복일기. 독서일기, 미래일기까지 다양한 종류의 일기 쓰기 방법이 있다.

딱 3개월만 일기 쓰기를 친구 삼아 보자. 꿈이 구체화되고 점진적으로 발전하며, 궁극적으로는 삶이 달라지는 것을 느낄 것이다.

- 관심 분야를 전부 스크랩한다.

스크랩의 장점은 아이디어를 샘솟게 한다는 것이다. 이건 일종의 '나 홀로 브레인스토밍'과 같다. 신문기사, 잡지, 인터넷뉴스, 방송 다큐멘터리, 학술 논문 등 각종 매체에서 관심 키워드를 검색하고 필요한 정보를 수집한다. 이는 창의력과 아이디어가 생명인 패션계, 방송계 직업을 가진 사람들이 자주 쓰는 방법이기도 하다. 고(故) 앙드레 김 선생님은 생전에 매일 16개의 신문과 잡지를 구독했던 것으로 유명하다.

그 밖에도 이방주 현대산업개발 고문, 힐러리 클린턴 미 국무장관, 한경희 한경희생활과학 대표, 워런 버핏 버크셔 해서웨이 회장, 고(故) 정주영 현대그룹 회장까지. 전혀 다른 분야에서 활동한 이들의 공통점은 무엇일까? 자신이 몸담은 분야에서 성공했다는 점을 제외한다면 이들은 국적도 나이도 성별도 직업도 각기 다양하다. 이들의 공통점은 매일 아침 5개 이상의 매체를 읽었다는 것이다. 지구 상에서 바쁘기로 둘째가라면 서러울 이들이 매일 아침 5개 이상의 대체를 꼼꼼히 구독한 이유에 대해서는 각자 깊이 생각해보자.

- 꿈을 위한 마인드맵, 스토리보드를 작성한다.

마인드맵과 스토리보드의 장점은 꿈을 시각화할 수 있다는 점이다. 목표의 시각화, 그 중요성에 대해서는 이미 많은 책과 언론에서 언급해왔다. 목표의 시각화란 한 마디로 손에 닿지 않는 물건을 손에 닿는 곳에 놓아두는 일이다. 컴퓨터 배우기가 목표인 사람과 2개월 안에 포토샵으로 블로그 꾸미기가 목표인 사람은 그 시작부터 다르다. 전자가 불완전한 목표라면 후자는 구체적 목표의 마지막 단계가 된다. 행복해지기를 목표해본 적이 있는가? 그렇다면 그 목표가 얼마나 허무맹랑한지는 경험으로 알 터. 그런 두루뭉실한 목표를 세울 바에는 치즈케이크를 한 덩어리 먹는 편이 정신 건강에 더 이롭다. 물론 훨씬 더 행복할 거고. 목표를 구체화하는 것도 목표를 이루는 데 도움이 되는데 하물며 목표를 '생생하게 시각화'하는 것은 어떻겠는가? 그건 베이킹파우더처럼 꿈을 부풀리고 풍미를 더해주는 역할을 한다.

마인드맵은 문자 그대로 '생각의 지도'라는 뜻이다. 사전적 의미를 그대로 풀이하면 이렇다.

자기 생각을 지도 그리듯 이미지화해 사고력과 창의력, 기억력을 한 단계 높이는 두뇌 계발 기법. 핵심 단어를 중심으로 거미줄처럼 사고가 파생되고 확장되어 가는 과정을 확인하고, 자신이 알고 있는 것을 동시에 검토하고 고려할 수 있는 일종의 시각화된 브레인스토밍 방법.[4]

마인드맵을 그려 방안에 붙여 놓으면 일단 꿈을 한눈에 볼 수 있어 명쾌하다. 꿈이 얼마간 실현된 것 같은 기분마저 들어 유쾌하다. 나에게 중요한 것이 무엇이고, 그 중요한 일을 하기 위해서는 어떤 단계들을 거쳐야 하는지 매일 점검할 수 있어 통쾌하다.

드림보드·스토리보드도 마찬가지다. 이건 '대놓고' 꿈을 시각화하는 거대한 콜라주다. 이를테면 이렇다. 잡지나 신문, 단행본 등에서 갖고 싶거나 되고 싶은 이미지를 한데 모아 두꺼운 하드보드지에 붙여 놓는다. 빨간색 스포츠카, 바다가 보이는 별장, 스페인의 산티아고 순례길, 44치수의 일본모델이나 기타를 연주하는 모습 같은 것도 좋겠다. 꿈에서도 갖길 원하는 것들, 혹은 꿈을 이미 이룬 사람의 이미지를 갖는 것은 생각보다 큰 효과를 발휘한다. 잘 보이는 곳에 놓아두면 매일 꿈을 점검하는 엄청난 동기부

---

[4] [네이버 지식백과] 마인드맵 [mind map] (특수교육학 용어사전, 2009, 국립특수교육원)

여 자극제가 됨은 물론이다. 중요한 것은 드림보드·스토리보드가 '가능성의 장'이 되어야 한다는 것이다. 이룰 가능성이 높은 꿈들만 적어 놓는 것은 의미가 없다. 꿈꾸는 최고의 내 모습을 적는 게 진짜다.

- **나만의 '치어 리더'를 만난다.**

나를 무조건 지지하고 응원하는 '그녀들'을 만난다. 같은 목표 아래 같은 길을 걷고 있다면 더욱 좋다. 혼자만 잘 먹고 잘살 수 있는 시대는 갔다. 아니 애초에 그런 시대는 없었을 거다. 1인 기업가라 해도 반드시 누군가의 도움이나 협력이 필요하다. 제삼자의 눈은 잊고 있던 무언가, 발견 못 한 어떤 것을 돌아보게 한다. 새로운 시각과 새로운 방법론을 제시한다. 때론 100권의 책을 읽는 것보다 한 명의 친구와 깊이 있는 대화를 나누는 일이 나를 더 채찍질하고 앞으로 이끄는 것은 물론이다. 오래 묵은 고민의 실타래가 친구의 한 마디로 풀리거나, 잡힐 듯 피해 가던 문제의 해답이 명쾌하지 해결되는 경우는 누구나 경험해봤을 것이다.

나를 도와주고 이끌어 줄 드림팀을 갖자. 기브앤테이크 식 우정이 아니라 20년 후에도 서로의 꿈을 응원할 수 있는 진짜 내 사람. 멀리 가려면 무조건 함께 가야 한다. 이 책의 출간만 예를 들어도 그렇다. 최초의 독자가 되어 가감 없는 조언을 쏟아주신 출판사 대표님과 편집장님부터 눈코 뜰 새 없이 바쁜 스케줄에도 쿨구하고 기꺼이 웃으며 인터뷰에 응해주신 '공부하는 그녀들'. 그들이 없었다면 책은 영영 생명력을 갖지 못했을 것이다.

행복한
성공을 위한
12가지 공부철학

지난해 여름 나는 중국 광저우와 홍콩, 마카오 등지를 여행했다. 꽤 긴 여정인지라 '여행자'가 아닌 '생활자'가 되어 아예 거주지 근처 피트니스센터를 등록하고 매일 요가를 하러 다녔다. 광저우는 세계적인 무역도시답게 요가수업에도 외국인이 꽤 많이 눈에 띄었다. 그런데 정작 내 눈길을 오래 붙든 것은 환상적인 S라인을 자랑하는 미국인 학생도 아니고, 광둥어와 보통어로 번갈아 요가를 가르치는 중국인 강사도 아닌 희끗희끗한 백발의 70대 할머니였다. 그 나이에도 요가라는 고난도 운동을 소화할 수 있다는 것이 놀라웠다. 아니, 심지어 어떤 동작은 나보다 나은 것 같았다. 더 놀라운 것은 배움에 대한 애정이었다. 할머니는 하루도 빠짐없이 요가수업에 참석하셨다. 우기라 하루에도 몇 차례씩 사나운 비가 쏟아지던 때였다. 알다시피 비 오는 날은 운동하러 가기가 열 배는 더 귀찮다. 새파랗게 젊은 나도 백 번쯤은 고민하고 망설인 끝에 얼굴을 내밀면 할머니는 항상 그 자리에서 선생님께 시선을 고정하고 동작을 따라 하고 계셨다. 그녀를 보며 '대체 저 나이에 요가를 배워 어디어 쓰려는 건가?'라는 생각은 전혀 들지 않았다. 나는 과연 70대에 새로운 무언가에 입문할 수 있는가? 라는 신선한 물음표가 생겼을 뿐이다. 70대는 고사하고 주변엔 마흔만 넘어도 이전까지 고수해온 삶의 방식, 습관, 지식간 가지고 살아가는 사람이 태반이다.

  서른에 새로운 공부를 시작한다는 것. 그거 대단한 용기와 결심을 해야 하는 일 같겠지만 천만에! 지구별엔 70대에도 새로움에 몸을 담그는 섹시한 언니들이 무수히 많다. 서른에 출발점에 서 있는 것은 놀라운 일이 아니라 평범한 일이다. 괜히 안절부절, 나만 특별한 도전과 모험을 하는 양 호들갑 떨지 않아도 된다는 얘기다. 요가클래스에서 만난 70대의 '핫한 그녀'는 한동안 내게 많은 영감을 불러일으켰다. 멋지게 나이 드는 인생의 기술은 '돈'도 아니고 '과거의 직업'도 아닌 끝없는 배움을 통한 성장임을 확실히 깨달았다.

12가지 공부철학

가끔 무일푼으로 유럽여행을 떠나거나 히치하이킹과 도보로 국내를 여행하는 청춘의 무용담을 들으면 입안에서 톡 쏘는 레몬 맛이 나는 것 같다. 엉뚱한 짓을 맘대로 저질러도 용서가 되는 청춘의 특권이 부러운 것이다. 나도 자신감 하나는 대한민국 상위 1%라고 자부했는데…쩝, 나이를 먹으면 의기소침해지는 것은 어쩔 수가 없나 보다. 결혼과 출산, 육아 전쟁을 한바탕 치르고 난 후엔 자존감마저 훅 떨어져 '오춘기'를 겪는 언니들을 자주 봐왔다. 이럴 때 특효약은 다름 아닌 공부다. 나이를 먹을수록 여자의 공부는 자존감을 지켜주는 방패가 될 것이다. 무엇을 공부하는지보다 중요한 것은 끊임없이 공부하고 있다는 사실 그 자체다. 눈가의 잔주름이 늘어가고, 숨을 들이마셔도 뱃살은 감출 수 없고, 노처녀 혹은 아줌마라는 호칭이 전혀 어색하지 않은 순간이 와도 공부를 통해 내적으로, 외적으로 계속 성장하고 있다는 사실은 노후자금이 두둑이 들어있는 통장 잔액만큼이나 든든하다.

서른, 30대의 시작이다. 인생을 리모델링하기에 가장 탁월한 순간. 알다시피 세상에 믿지 못할 것은 '오빠'와 '노래방 점수'만이 아니다. 미래 역시 불안전함의 연속이다. 지금의 내 모습으로 살 거라고 불과 3년 전의 나는 예측했던가? 완벽히 예측했다 하더라도 인생이 던지는 변수들을 통제할 수는 없다. 또한, 지금 이 모습 이대로 늙어간다면 안 될 거라는 건 누구보다 본인이 가장 잘 안다. 변화가 절실하다는 것을 잘 알고 있다. 〈뉴욕타임스〉 보도에 따르면 8시간씩 앉아 있으면 매일 수명이 2.5시간 줄어든다고 한다. 대부분의 회사원이 죽어가고 있다는 얘기인가? 물론 주야장천 앉아 있는 것 말고도 '죽는 방법'은 여러 가지다. 변화 없이 같은 방식만 고집하며 사는 것도 영혼을 죽이는 탁월한 방법이다. 역사를 돌아봐도 그랬다. 끝내 살아남은 자, 강한 자들은 무엇보다도 변화에 잘 적응하는 자들이었다.

지금 우리가 몸담은 세계에서의 '변화'란 끝없이 자신의 능력을 업그레이드하는 것이다. '대체 불가능한 인재'까지는 못 되더라도 결혼을 하고 아이를 낳고 점차 나이를 먹어가도 내가 일하고 싶은 순간에 언제든 일을 할 수 있는 능력을 갖춰놓은 여자가 되어야 한다. 세상에 끌려가기보다 스스로 따져보며 선택하고, 필요하다면 일자리와 직업을 만드는 여자가 되어야 한다. 물론 그러기 위해서는 부단한 공부를 통해 몸값을 올리고 능력을 키워가야 할 것이다.

이 책을 쓰는 지난 1년간 앞서 소개한 '일자리와 직업을 직접 만들며, 세상에 끌려가기보다 세상을 끌고 가는' 여자들을 만나 인터뷰를 하고 그들의 공부철학을 전해 듣는 귀한 시간을 가졌다. 30대에 시작한 공부로 인생을 역전한 여자들의 자료를 조사하며 '행복과 성공을 위한 공부 철학'을 분석하고 연구했다. 이를 토대로 정리한 12가지 공부철학은 다음과 같다.

- **기본으로 돌아가 공부의 원리원칙을 지킨다.**

무엇보다 기본을 중시한다. 성공은 기본을 반복하는 데서 온다. 거창하고 특별한 예외가 아니다. 기본이란 어떤 상황에서도 무너지지 않을 중심을 말한다. 매일 정해진 양을 꾸준히 공부하는 것, 자신의 실력에 딱 맞는 훌륭한 교재나 학원을 선택하는 것, 교재 10권을 두루 훑는 게 아니라 한 권을 3번 이상 반복 학습하는 것, 모르는 문제는 알 때까지 파고들어 학습하는 것 등 우리가 '뻔하다'고 여기던 것들이 사실은 간과하고 있었던 기본이다.

성공한 그녀들은 마치 착실한 초등학생처럼 '기본'을 준수했다. 인생에 사소한 일이란 없다는 것을 잘 알고 있는 듯하다. 사소함이 만드는 위대함의 차이 역시 본능에 따라 캐치하고 있었다. 매년 새해결심은 무너지고, 5년째 반복 중인 미완결의 공부가 있다면 다시 기본으로 돌아갈 때임을 상기하자. 공부 외에 모든 분야에서도 마찬가지다. 성공은 기본을 지키는 데서 온다.

- **절대로 자신을 속이는 공부는 하지 않는다.**

공부는 정직해야 한다. 지름길이란 없다. 우직하게 한 걸음씩 나아가야 한다. 한 번에 두 발씩 뗄 수는 없다. 정직 여부를 가늠할 수 있는 사람은 세상에 나 자신밖에 없다. 자신을 속이는 공부는 시간 낭비에 불과하다.

간혹 공부한답시고 책상 정리만 30분을 하는 사람이 있다. 예쁜 머그잔에 든 아이스 커피와 쿠키, 적당한 방 안 온도와 색색들이 필기구까지 모든 걸 완벽히 갖춰놓아야 공부 모드에 진입 가능한 사람도 있다. 물론 이 모든 걸 공부시간에 포함한다는 게 문제다. 다시 말하지만, 정직해지자. 언제나 손해보는 건 자신이다.

- **세간에 유행하는 공부법이 아닌 나에게 맞는 공부법을 개발한다.**

  다이어트에도 유행이 있다. 황제 다이어트, 원푸드 다이어트에서 최근엔 디톡스 다이어트까지 다양한 다이어트가 광풍처럼 여자들 사이를 휩쓸고 지날 때가 있다. 주변엔 그때마다 유행하는 다이어트에 자신을 마루타 삼는 친구가 꼭 있다. 체질과 건강상태를 따져보고 시작하는 게 아니라 '아무개가 이걸로 일주일에 3kg 뺐다더라'만 철석같이 믿고 직진하는 것이다. 가끔 '얻어걸려' 좋은 결과를 볼 때도 있지만 대부분 요요현상이나 건강악화로 이어지곤 한다. 공부도 이와 비슷하다. '누구누구'가 효과 본 공부 말고 나에게 맞는 공부법을 선택해야 한다. 나의 생활패턴, 여유시간, 공부목표, 학습능력 등을 오밀조밀 따져본 뒤 결과를 도출해야 한다.

- **완성하겠다는 마음으로 시작한다.**

  '중도 포기'는 시작하지 않음만 못하다. 앞에서 말한 다이어트처럼 말이다. 다이어트는 시작이 전혀 중요하지 않다. 결국에 성공했느냐 여부, 즉 실제로 살이 빠졌느냐 안 빠졌느냐는 문제가 핵심이다. 새로운 공부를 하기로 마음먹었다면 반드시 완성하겠다는 결심을 한다. 어디 학원에 등록했느냐가 중요한 게 아니고, 어떤 자격증에 도전하겠다는 마음가짐이 대단한 게 아니다. 세상은 잔인하게도 늘 결과물을 원한다. 완성이 곧 결과물이다. 자신에게 지지 않기로 한다.

- **언제나 목표를 염두에 두고 나아간다.**

  기왕이면 '369식 목표관리'를 한다. 369식 목표관리란 3년, 6년, 9년의 목표관리를 말한다. 여기서 숫자는 형식적인 의미다. 때에 따라 2년, 4년이 될 수도 있고, 5년, 7년일 수도 있으며 9년이 아니라 10년, 12년일 수도 있다. 중요한 건 단기목표, 중기목표, 장기목표를 그려보는 것!

  3년 안에 이루고 싶은 단기목표는 무엇인지? 6년 안엔 어떤 모습으로 살길 원하는지? 9년 뒤 나는 누구와 무엇을 논하며 하루를 보내게 될 것인지? 구체적이고 생생한 무지갯빛 꿈을 그려보자. 목표를 염두에 두고 공부를 계획한다.

- **책상에서의 공부가 전부는 아님을 깨닫는다.**

  세상을 살아가는 지식을 갖는 것과 지혜를 얻는 것.

  서른의 우리를 성장시키는 두 가지 공부다. 지식은 책상 위에서 이루어지겠지만, 지혜는 발품을 팔아야 얻어진다. 지식은 종이와의 만남으로 이루어지겠지만, 지혜는 철저히 사람과의 만남으로 이루어진다. 지식은 머리로 깨달아야 얻어지지만, 지혜는 영혼과 심장으로 깨쳐야 얻어진다. 그래서 지식 있는 여자보다 지혜로운 여자 되기가 훨씬 힘들다. 책상 위의 공부와 세상의 중심에서 하는 공부가 병행되어야 한다. 리더십, 사교술, 배려심, 순발력과 위기대처능력 등은 책을 통해 배울 수 없는 '실습형 공부'다.

- **당신이 읽는 책이 당신을 말해준다.**

당신의 야망, 미래, 도전, 포부를 일러주는 것은 지금 읽고 있는 책, 지금 진행 중인 공부 미션이다. 패션잡지와 웹툰에만 목숨 걸지 말자. 철학, 문학, 종교, 과학, 예술 등 인문학에 빠져 그 세계가 얼마나 넓고 즐거운지 경험해보자. 『역사의 종말』을 쓴 세계적 석학 프랜시스 후쿠야마[Francis Fukuyama] 미국 스탠퍼드대 교수가 왜 자신의 성공비결을 '인문학에서 기본적인 지적 훈련을 받은 학문적 배경'이라고 말했는지 생각해보자.

세계적인 투자자 조지 소로스[George Soros] 역시 자신의 성공 바탕을 철학을 중심에 둔 인문학적 사고라고 했다. 흔히 인문학은 스스로 생각하는 힘, 비판적인 사고력을 길러준다고 알려졌다.

- **즐거야 성공이다, 행복해야 성공이다.**

남에게 보이기 위한 공부, 괴로운 억지 공부는 전부 가짜다. 자고로 공부란 몸과 마음이 심하게 아플 때는 할 수 없는 '여유 있는 자들'의 특권이다. 따라서 지금 공부를 하고 있다는 것은 누구보다 축복받은 시간을 보내고 있다는 증거다. 배움의 과정을 최대한 즐기고 감사하며 나아가야 한다. 생각해보자. 우울증을 앓을 정도로 집착한 뒤 얻은 성공이 진짜 성공일까? 암에 걸릴 정도로 괴로워하며 얻은 명예가 진정한 명예이겠느냐 말이다. 공부도 그렇다. 마음이 부스러질 정도로 지겹고 매우 어려운 공부가 어디 진짜 공부겠는가? 즐겨야 성공이다. 행복해야 성공이다.

- 질문을 던지는 연습을 게을리하지 않는다.

『질문의 7가지 힘』이란 책에는 질문에 깃든 힘을 이렇게 소개한다.

> 질문하면 답이 나온다, 질문은 생각을 자극한다, 질문하면 정보를 얻는다, 질문하면 통제가 된다, 질문은 마음을 열게 한다, 질문은 귀를 기울이게 한다, 질문에 답하면 스스로 설득이 된다.

알다시피 어린아이들은 호기심이 많다. 우리가 당연시하는 것에도 눈길을 주고 질문을 던진다. 나이를 먹을수록 우리는 세상 모든 것을 -모든 가치, 질서, 규율 등-당연하다고 여겨버리고 질문하는 힘을 서서히 잃어간다. 자기 자신과 인생에 대해서도 지리멸렬한 질문만 던질 뿐이다. 한 번쯤 깊고 진지하게 스스로에 대해 질문하는 시간을 갖자. 나는 어떤 인생을 살길 원하는지? 나는 왜 이 공부를 해야만 하는지? 삶의 마지막에 기대하는 것은 무엇인지? 어떤 사람으로 기억되고자 하는지? 질문은 인생을 바꾼다. 아주 강력한 힘으로 말이다.

- 성공한 그녀들을 치열하게 벤치마킹한다.

역할모델로 삼는 직장상사가 있다고? 평소 그녀가 어떤 공부에 목매고 있는지 주시하자. 퇴근 후 어떤 간담회에 참석하고, 주말엔 어떤 강좌를 수강하고 있는가? 상사의 공부가 중요한 이유는 그녀가 나대신 '사전조사'와 '현장답사'를 철저히 마친 뒤 선택한 공부라는 점 때문이다. 같은 직장, 같은 부서에서 나보다 10년 더 일했다면 그녀에게 필요한 공부는 현 직장, 현 업무에 꼭 필요한 공부일 가능성이 높다. 즉 그녀에게 필요한 공부가 장차 나에게 필요한 공부라는 말씀. 공부 롤모델을 멀리서 찾을 필요는 없다. 직장 내 그녀들과 평소 대화를 많이 나누고 공부 조언을 얻는 것이 중요하다.

- 스트레스 관리도 능력이고 공부다.

〈K-pop 스타 시즌 1〉을 보면서 보아라는 여자의 능력에 여러 차례 감탄을 금치 못했다. 그녀는 철없는 10대 초반부터 사회생활을 한 사람이다. 자기관리의 귀재라 해도 과언이 아니다. 야무진 보아의 촌철살인은 매주 빵빵 터졌는데 그중 가장 기억에 남는 명대사는 아무래도 이거다.

"건강관리도 곧 실력이에요."

캬아. 옳고말고. 건강관리도 실력이다. 그것도 엄청난 실력. 식음을 전폐하고 밤새워 공부한 뒤 회사에서 골골거리면 아무도 알아주지 않는다. 또한 스트레스 관리도 한 사람을 평가할 수 있는 잣대요 능력이다. 같은 업무량에도 금세 나가떨어지는 사람이 있는가 하면 완벽히 끝내고 난 뒤에야 아픈 사람도 있다.

- **골고루 다양하게 그러나 집중적으로 공부한다.**

외국어 공부, 경제 공부, 인문학적 소양 기르기, 글쓰기 훈련, 인맥관리에서 마케팅, 영업력 향상까지. 필요한 분야를 다양하게 섭렵한다. 절대 한우물만 파지 말자. 여러 우물을 파서 어떻게 전문가로 성장하느냐고? 여러 우물을 깊게 파면 가능하다. 골고루, 다양하게 그러나 집중적으로 깊이 있게 공부하는 것이다. 요리사도 한 가지 요리만 잘해선 훌륭한 요리사가 못 된다. 영양학도 공부해야 하고, 정통요리와 퓨전 현대 요리도 끝없이 개발해야 한다. 문화와 역사와 맛과 영양을 다 알아야 인정받는 '한 접시'가 가능한 거다. 바야흐로 융합형 인재가 뜨고 있다. 한 가지만 잘하는 사람이 아니라 두 가지를 다른 한 가지로 새롭게 만들어 낼 줄 아는 창조적 인재. 세상이 원하는 진짜 인재다.

그녀들의
꿈꾸는
공부법

10대 시절 거의 매일 붙어 다니며 친자매 이상으로 가깝게 지내던 친구가 있었다. 어찌나 용감한 녀석인지 어느 날 문득 캐나다 남자와 사랑에 빠져서는 아예 낯선 땅으로 삶의 터전을 옮겨버렸다. 그리고 얼마 전 남편의 반짝이는 갈색 눈을 쏙 빼닮은 인형 같은 아이를 낳아 기르며 그녀는 삶의 2막을 새로이 열었다. 여자에게 있어 육아는 곧 군대생활과 같다던데, 어쨌든 군대에서도 자격증 따고, 독서에 목매고, 심지어 없던 여자 친구까지 만드는 독종들이 있듯 그녀도 임신과 육아 기간을 '두 번째 삶'을 위한 터닝 포인트로 만들었다. 무역회사에서 초고속 팀장으로 승진한 경력이 있는 베

테랑 무역전문가였던 그녀는 현재 회계사 시험을 준비 중이다. 인문학과 졸업생인 그녀는 시험에 응시할 자격을 얻기 위해 회계 관련 수업만 2년가량 이수해야 했다. 말 그대로 '맨땅에 헤딩', '제로부터 시작'인 셈이다. 아이를 재워놓고 졸린 눈을 비비며 책장을 넘기는 그녀의 생활을 그려보면 달콤한 웃음이 번진다.

"아직도 영어가 어려워", "회계가 이렇게 복잡할 줄이야"라며 가끔 죽는 소리도 하지만, 15년간 그녀를 지켜본 나는 안다. 그녀의 주특기는 '어떤 상황과 조건에도 꿈꾸기를 포기하지 않는 것'임을. 최고로 잘해내진 못하더라도 끝까지 걷기를 포기하진 않을 것이다.

오늘도 인생이 던져주는 시어빠진 레몬 따위로 열심히 레모네이드를 만드는 여자들이 있다. 흑백 무성영화 같은 삶을 3D 입체영화로 만들고자 땀 흘리는 그녀들이 있다. 서른을 훌쩍 넘긴 나이에 트렁크를 끌고 유학길에 오르는 여자, 학벌도 경력도 빈약하지만 '끼'와 '깡'으로 도전을 거듭하는 여자, 애인과 남편을 여우처럼 내 서포터즈로 만든 뒤 악착같이 꿈을 이루고야 마는 여자, 전공과 직장 경력을 뒤집고 어릴 적 꿈을 위해 다시 운동화 끈을 묶는 여자, 서른의 나이에도 백팩을 메고 주말이면 도서관에 가는 여자, 40대를 준비하며 매일 새벽반 영어수업을 듣는 여자들이 너무나 많다. 심지어 내 절친처럼 아이가 잠든 시간을 틈타 조용히 책장을 넘기는 여자도 있을 것이다.

'30대'라는 인생의 절정기에 치열함을 맛본 여자는 언제든 그 뜨거운 시간을 보상받는다. 피부마사지 받을 시간에 고전을 한 권 더 읽고, 명품 백을 지를 돈으로 아카데미에 수강해 다큐멘터리 제작 수업을 듣는 여자들. 외적인 섹시함이 아닌 내면의 '진짜' 섹시함으로 승부를 겨루는 그녀들은 어떤 식으로든 꿈 근처에 터를 잡고 살아간다. 지금껏 지켜본 결과 꿈을 이룬 사람, 최소한 꿈을 이루기 위한 노력을 게을리하지 않는 사람은 타인에게 관대하며 세상을 더 긍정적이고 아름답게 바라봤다. 그러니 뭐랄까, 우리 여자들 각자의 꿈을 이루는 길은 지구평화와 인류발전에 이바지하는 위대한 여정의 시작이라고나 할까?

꿈으로 실현하는 세계평화

누군가는 예쁜 시골 마을에 전원주택을 짓고 아이를 셋쯤 낳아 기르며 유기농 잼을 만드는 사업을 하는 것이 꿈이었다. 누군가는 홍콩, 싱가포르, 뉴욕, 파리 등 쟁쟁한 도시에 사무실을 두고 전 세계를 오가며 아시아 최고의 PR 회사를 꾸리는 것이 꿈이었다. 또 다른 누군가는 10년 뒤 스페인어를 완벽하게 숙지하여 스페인을 오랫동안 혼자 여행하는 것이 꿈이라고 말했다. 누군가는 자신의 주방용품 쇼핑몰을 연 매출 100억 원 규모로 키우는 꿈을 꾼다고 했다.

 오늘도 하이힐 밑창이 떨어져 나갈 정도로 도심을 누비며 자신만의 영역을 넓혀가는 그녀들이 있다. 생김새만큼이나 다양한 꿈을 가지고 살아간다. 누군가의 꿈은 하얗고, 누군가의 꿈은 선명하게 붉다. 누군가의 꿈은 핑크 빛을 띠고, 누군가는 푸르른 빛을 내뿜는다. 너무 소박하여 귀여운 꿈도 있고, 너무 거대하여 뭉클해지는 꿈도 있다. 꿈의 크기나 모양은 전혀 중요하지 않다. 각자 다른 생김새 속에 다른 아름다움을 갖고 있듯 말이다. 말랑말랑한 여자의 몸으로 태어나 남자들과 똑같이 경쟁하며 많은 제약과 실패에도 오뚝이가 되는 여자들을 보면 마음이 환해진다. 여자가 꿈을 이룬다는 것은 지구평화를 위한 길이라고, 조금 아까 내가 이야기했던가? 생각해보자.

자신을 한껏 사랑하는 여자를 아내나 애인으로 맞는 남자, 그리고 그런 남자와 여자들에게서 길러지는 아이들이 얼마나 싱그러운 꿈을 이어받고 자라나게 될지를. 그러니 꿈을 이룬다는 것은 지금 이 자리에서 세상을 변화시킬 가장 확실한 방법의 하나다. 우리 각자의 마음이 평온해야 세계평화가 실현되지 않겠는가? 그러니 꿈을 이루기 위해 서로 돕고 노력하며, 지치고 넘어진 사람에겐 따뜻한 미소 한 번 건네는 일을 절대 사소하다고 여기지 말자.

그녀들의 꿈꾸는 공부법

지금껏 꿈을 이룬 여자들의 공부에 대해 많은 이야기를 나누었다. 대학 졸업 이후, 서른 이후, 심지어 노년 이후에도 성장의 고삐를 늦추지 않고 배움에 갈증을 점점 더 절실히 느끼는 여자들의 이야기를 전해 들었다.

힐러리처럼 유능하고, 안젤리나 졸리처럼 유명하며, 오프라 윈프리처럼 부유한 여자들만 가능한 것이 아니다. 대학을 졸업하지 않고 이끌어줄 인맥도 없으며, 통장 잔액이 가뭄에 허덕여도 가능하다. 이건 밑도 끝도 없는 희망고문이 아니다. 왜냐고? 지금 공부하든 않든 어쨌든 10년 후는 똑같이 찾아올 것이니까.

각자의 서른을 떠올려보자. 살은 점점 찌고(게다가 나잇살이라 잘 빠지지도 않는 것 같다), 월급은 대한민국 하위 20%에 속하며(월급 빼고 모든 게 다 오르고 있다), 미래를 약속했던 남자들은 모두 떠나고 고양이 한 마리만 곁에 남았다고? 그래서 뭐 어쩌라고? 비루하고 초라한 자신에 대한 편견부터 깨뜨려야 한다. 물론 아인슈타인은 원자핵을 깨는 것보다 편견을 깨뜨리는 것이 훨씬 더 힘들다고 말했다. 힘들다고 전부 포기한다면 지구는 누가 지키나? 나는 해봐야 소용없다는 밑도 끝도 없는 편견을 부수는 순간 원자핵보다 단단한 믿음이 생겨날 것이라고 믿는다. 한 번의 승리는 더 큰 승리들을 불러 모은다. 한 번 완성한 공부는 라식수술과 같다. 어제와 같은 세상이 갑자기 다른 세상이 되어 나타난다. 매직아이처럼 희미한 꿈이 완성된 그림이 되어 나타난다. 눈앞이 환해지고 햇살은 더 눈부시다.

지금껏 공부를 통해 로또보다 짜릿한 인생 반전을 경험한 여자들의 이야기를 함께 나누었다. 나는 감히 이야기하고 싶다. 공부란 여자가 여신이 되어가는 과정이라고. 모두의 안에 잠들어 있는 여신의 존재를 깨우는 행위가 바로 공부라고 말이다.

걸작이 되는 삶

가끔 미국의 흑인 인권 운동가 마틴 루서 킹^{Martin Luther King}의 목소리가 귓가에 맴돈다. 그는 이렇게 말했다.

> "어떤 사람에게 청소부라는 이름이 주어진다면 그는 미켈란젤로가 그림을 그렸던 것처럼, 셰익스피어가 글을 썼던 것처럼, 베토벤이 곡을 만들었던 것처럼 그렇게 거리를 쓸어야 합니다. 그 청소부가 그 거리를 너무나 열심히, 그리고 잘 쓸어서 하늘과 땅을 지나는 모든 천사가 그 길에 모여 이 거리에 그토록 훌륭하게 자기 일을 하던 청소부가 살았다고 칭찬할 정도가 되어야 합니다."

엉망으로 살다 후회 속에 눈 감고 싶은 사람은 없다. 누구나 인생이 하나의 위대한 예술작품이 되기를 꿈꾼다. 공부를 통해 매일 새롭게 성장하고, 남에게 도움이 되는 가치 있는 일을 하기를 원한다. 걸작인생을 만드는 법칙은 단순하다. 그것은 앞서 루터 킹 목사가 말했듯 매 순간 천사가 감격할 정도로 최선을 다하는 것이다.

　노력하는 여자와 싸워서 이길 방도는 없다. '특별한 존재'가 되기로 결심하고 매일 책을 읽고, 필기를 하고, 수업이나 세미나에 참가하는 여자를 어떤 식으로 따라잡겠는가.

　한순간이라도 우주가 감동할 만큼 노력의 시간을 가져보자. 밥벌이만을 위해 일하거나 아무런 성장과 변화 없는 시간을 보낸다면 우리의 하루는 끔찍하게 길고, 인생은 터무니없이 짧게 느껴질 것이다. 그러니 영원한 성장을 마음속 캐치프레이즈로 내걸고 지금 주어진 순간순간 최선을 다해보자. 17세이거나, 27세거나, 67세거나, 마음만 먹는다면 똑같은 강도로 치열하고 눈부시게 사랑하고 성장할 수 있음을 믿는다. 어떤 사소한 순간도 외면당하거나 소외되어선 안 된다. 오늘도 이 땅에서 공부하고 일하고 사랑하고 좌절하고 넘어지는 모든 여자의 존재가 똑같이 통째로 소중한 것처럼.

에필로그

영원히
성장하길 꿈꾸는
여자들에게

공부 버킷리스트를 다시 작성해보았다. 3년 안에 도전하고픈 학문분야, 10년 안에 이루고픈 공부목표, 평생을 곁에 두고 영적 연인처럼 함께 할 배움의 목록을 추려보았다. 쓰는 것만으로 눈앞이 밝아지면서, 솜사탕처럼 달콤한 미래가 펼쳐질 것 같아 가슴이 매우 뜨거워졌다.

이 책을 쓰는 동안 잠시 손 놓았던 영어공부도 다시 시작했다. 미국인 강사와 일주일에 두 차례 영어 과외를 하며 열정을 수혈받는다. 다음 달부터는 스페인어 공부도 시작해 볼 예정이다. 가을에 떠날 스페인 여행을 위해 미리 회화공부를 해두려는 것이다.

올해도 나는 하루도 빠짐없이 글을 썼고, 상반기에만 100여 권의 책을 읽었다. 다양한 분야의 사람들을 만나 인적 네트워크를 넓혔고, 대중 앞에서 크고 작은 강연을 했다. 무엇보다도 매일 새로움이 싹트는 외국으로 인생의 터전을 옮겼다. 커다란 결단이었다. 모든 것이 공부이자 도전인 낯선 땅에서 하루하루 배우고 즐기며 살아가는 중이다.

대학을 졸업한 뒤 나의 공부 인생은 본격적인 막을 올렸다. 생생한 컬러로 펼쳐지는 진짜 인생의 시작이었다. 누군가 제시한 공부가 아닌 나 자신이 원하는 공부들에 임하며 꿈을 이루었고, 외로움과 공허함도 달랬으며, 나아갈 방향을 알게 되었다. 그런데 이 책을 준비하며 깜짝 놀란 것은 인생에 반전을 이루었거나 계속해서 성장하는 여자들은 하나같이 졸업 후 다시 '고3'이 되었다는 사실이다. 누구의 강요나 요구 없이 온전한 스스로 의지와 고집만으로 말이다. 그렇다고 그녀들의 공부가 거창한 국가고시나 박사학위 같은 것은 아니다. 그저 진짜 하고 싶은 일을 좇아 매일 일정한 시간에 일정한 양을, 적어도 3년 이상 지속한 것뿐이다. 그 한 가지 사실만으로도 나는 그녀들이 자기 자신을, 그리고 삶을 얼마나 깊이 사랑하는가를 보여주었다고 생각한다

어제보다 나은 오늘을 꿈꾸는 것, 완벽하지 않은 자신을 인정하고 모난 부분을 미워하기보다 보듬으려 애쓰는 것, 그녀들에게 있어 공부란 세상에서 가장 달콤한 자신과의 로맨스다. 연인과의 데이트처럼 매일 자신을 위해 가장 소중한 시간을 낸 그녀들은 지금도 날마다 꿈에 한 발자국씩 다가가는 중이다. 꿈꾸는 여자에게 꿈의 완성이란 없다. 왜냐하면 우리는 마흔이

되어도 예순이 되어도 언제나 배우고 도전하고 성장할 테니까.

알다시피 성공한 여자들의 자서전에는 언제나 '공부'라는 테마가 존재한다. 놀랍게도, 행복한 여자도 마찬가지다. 그 이유는 아마도 그들의 관심이 언제나 '안'을 향하고 있기 때문일 것이다. 남들과의 비교나 경쟁에서 벗어나 내가 원하는 꿈을 위해 묵묵히 시간을 견디고 있기 때문일 것이다. 릴케 역시 말했다. 밖으로 눈을 돌려 외부에서 해답을 기대하는 일만큼 우리의 성장을 방해하는 일은 없다고. 모든 물음의 해답은 우리의 가장 깊은 안쪽에서, 가장 조용한 순간에 대답해 줄 것이라고 말이다.

나는 이 글을 통해 그 점을 이야기하고 싶었다. 공부란 단순히 책상에 앉아 노트필기를 하는 것이 전부가 아님을 분명히 하고 싶었다. 공부란 마음을 치유하는 명상이다. 자신을 사랑하는 최상의 방법이며 인내와 성찰과 지혜를 배우고 잠재력을 끌어내 원하는 삶에 데려다 줄 확실한 도구임을 알려주고 싶었다. 그래서 공부를 통해 꿈을 이룬 많은 여자를 만났고 그들의 이야기를 이 책에 가감 없이 담아냈다. 대부분 20대 후반에서 30대 초반에 전공과 직업을 바꿔 성공 가도를 달리고 있는 여자들이다. 그녀들의 용감무쌍한 스토리와 인생을 사랑하는 방법, 공부법의 공통점을 발굴해 이 책을 읽는 여자들도 모두 원하는 것을 움켜쥐길 간절히 기도하는 마음이다.

애틋한 20대의 판타지가 있는가? 놓쳐버린 남자, 잃어버린 사랑, 포기한 공부와 접어둔 꿈같은 것? 40대에 이르러 또다시 30대의 판타지를 그리며 살고 싶진 않을 것이다. 비극이란 도전한 일에 실패한 것이 아니다. 적절한 시기의 적당한 실패는 장기적으로 엄청난 행운이다. 어른이 되었다면 잃음으로써 오히려 얻는다는 역설을 이해해야 한다. 진정한 비극은 3년 후에도 5년 후에도 원하는 일들을 여전히 꿈만 꾸고 있는 것이다. 아무것도 하지 않고, 누구도 사랑하지 않으며, 무엇도 달라지지 않는 인생을 죽을 때까지 영위하는 것. 이보다 엄청난 비극은 없을 것이다.

그러니 계속해서 즐기고 배우고 성장하길 게을리하지 말자. 사랑도 인생도 실패도 아픔도 더 많이 더 깊이 배우자. 그래서 이 세계에 더 감동하고 전율하며 온 영혼의 무게를 두 다리에 싣고 매일, 조금씩 나아가자.

그 모든 과정이 하나의 멋진 승리일 것이다.

오늘도 꿈을 위해 늦은 밤까지 연필을 쥔 그녀들을 응원하며.

1년 배워 10년 써먹는 인생을 바꾸는 성장 프로젝트
여자에게 공부가 필요할 때

초판 1쇄 발행 2014년 7월 18일
초판 8쇄 발행 2016년 2월 22일

지은이 김애리

펴낸이 민혜영
펴낸곳 카시오페아
주소 서울시 마포구 월드컵북로 400 문화콘텐츠센터 5층 출판창업보육센터 8호
전화 070-4233-6533
팩스 070-4156-6533
홈페이지 www.cassiopeiabook.com
전자우편 cassiopeiabook@gmail.com
출판등록 2012년 12월 27일 제385-2012-000069호

디자인 김진디자인

김애리 © 2014
ISBN 979-11-950125-8-9

이 도서의 국립중앙도서관 출판시도서목록(CIP)은 서지정보유통지원시스템 홈페이지(http://seoji.nl.go.kr)와
국가자료공동목록시스템(http://www.nl.go.kr/kolisnet)에서 이용하실 수 있습니다.
(CIP제어번호 : 2014020208)

이 책은 저작권법에 따라 보호받는 저작물이므로 무단전재와 무단 복제를 금지하며,
이 책의 전부 또는 일부를 이용하려면 반드시 저작권자와 카시오페아의 서면동의를 받아야 합니다.

*잘못된 책은 구입한 곳에서 바꾸어 드립니다.
*책값은 뒤표지에 있습니다.